The Mystery of Brightwood Castle

Weitere Storys

www.sprachkrimis.de

Weitere Storys im Internet!

1. *Scanne den QR-Code auf dem Buch-Cover oder auf dieser Seite mit deinem Smartphone ein.*

   Dafür benötigt dein Gerät einen QR-Code-Scanner. Dieser ist entweder vorinstalliert oder kann als kostenlose App von zahlreichen Anbietern heruntergeladen werden.

2. *Mithilfe des QR-Codes gelangst du direkt auf die Website unserer Sprachkrimireihe. Natürlich kannst du auch ohne Smartphone auf die Website gelangen, indem du folgende Webadresse eingibst:*

   www.sprachkrimis.de

3. *Auf der Website findest du einen spannenden Kurzkrimi in englischer Sprache und Übungen dazu.*

The Mystery of Brightwood Castle

Autorin: Gabi Neumayer
Muttersprachliches Korrektorat:
Context Gesellschaft für Sprachen- und Mediendienste mbH
Satz: Noch & Noch
Covergestaltung: Marlies Müller
Coverillustration: Hauke Kock

Gesamtherstellung: Tandem Verlag GmbH

ISBN 978-3-8427-0834-1

www.tandem-verlag.de

Tote Hose

„Ist das nicht herrlich hier?![1]“, rief Paulas Mutter.

Paula brummte nur, so wie die unzähligen Male zuvor, als ihre Mutter Entzückensschreie ausgestoßen hatte.

Sicher, es war ganz nett. Erst die Fahrt mit der Fähre über den Kanal, und jetzt: die sanften Hügel mit den grünen Wiesen, auf denen knorrige Bäume und Wildblumen wuchsen; die Steinmäuerchen und Zäune, die Weiden mit Schafen umzäunten; und die kleinen Orte, in denen es kein Verkehrschaos und keine Straßenschluchten gab wie zu Hause in Berlin.

Aber genau da lag auch das Problem. Hier in England war einfach nichts los. Total tote Hose. Wäre Paula in Berlin geblieben, dann hätte sie jetzt mit Emma und Jojo alles Mögliche unternehmen können. Ins Kino gehen zum Beispiel oder auch zum nächsten S-Bahnhof, um dort den Zügen aufs Dach zu spucken. Aber hier … Was um alles in der Welt sollte sie in England in den nächsten zwei Wochen anfangen?!

Paulas Mutter drehte sich zu ihr um. Ihre grünen Augen strahlten.

„Das wird der beste Urlaub unseres Lebens. In einem echten Schloss!“, schwärmte sie. „Also hör jetzt auf, ein Gesicht zu machen, als hättest du eine Kröte verschluckt.“

Paula versuchte ein Lächeln.

„So ist es schon besser.“

Paulas Vater zwinkerte ihr im Rückspiegel zu. Ihre Mutter kurbelte das Fenster herunter, und der Wind wirbelte ihre langen blonden Haare durcheinander.

„Diese Luft!“ Sie drehte sich noch einmal zu Paula um. „Und

1 *Die englischen Dialoge setzen auf Seite 11 ein.*

das Beste hab ich dir noch gar nicht erzählt: In Brightwood Castle soll es spuken. Ist das nicht der Wahnsinn?“

Paulas Vater lachte schallend. Ihre Mutter knuffte ihn in die Seite. „Du hast einfach keine Fantasie. Das hat deine Tochter von dir geerbt.“

Paula stöhnte, ließ sich tief in die Rückbank sinken und steckte sich die Stöpsel ihres Kopfhörers in die Ohren, während Wiesen, Bäume und Schafe in einer endlosen Reihe an ihr vorbeizogen.

Noch 13 Tage und acht Stunden … Konnte man eigentlich an Langeweile sterben?

25th May 1970

Dear diary,
Today I went to Marie's after university to listen to a brand new album she bought yesterday. It was the first album by a new band called „Supertramp". It blew me away[1]! We played the record[2] over and over again[3] until Marie's mum told us to stop it. But she said it with a smile because she likes that kind of music, too. She is so cool!

Aunt Agatha doesn't even allow me to **own** a record player, let alone[4] listen to „such devilish noise[5]" (her definition of all music written after Mozart's time). It's so frustrating! When I came to London to study economics[6], what I really wanted most of all was to breathe freely for the first time in my life. But getting away from Mum's stern[7] look and the strict rules[8] at Brightwood Castle wasn't enough. Now it's Aunt Agatha who watches over me like a hawk[9] and reports[10] my alleged[11] misconduct[12] to my parents. I wish I just had ordinary parents like everybody else!

Kannst du diesen Tagebucheintrag mithilfe der angegeben Vokabeln schon verstehen? Auf Seite 8 findest du die Übersetzung.
Bei den folgenden Tagebucheinträgen findest du die deutsche Übersetzung jeweils (auf den Kopf gestellt) unter dem englischen Text.

1 to be blown away by something: begeistert von etwas sein 2 record: Schallplatte 3 over and over again: immer wieder 4 let alone: geschweige denn 5 devilish noise: Höllenlärm 6 economics: Wirtschaftswissenschaften 7 stern: streng, ernst 8 rules: Regeln, Vorschriften 9 hawk: Falke 10 to report: berichten 11 alleged: angeblich 12 misconduct: Fehlverhalten, schlechtes Benehmen

Liebes Tagebuch,
heute bin ich nach der Universität zu Marie gegangen, um mir ein brandneues Album anzuhören, das sie gestern gekauft hat. Es war das erste Album einer Band namens „Supertramp". Ich war begeistert! Wir spielten die Schallplatte immer wieder, bis Maries Mutter sagte, dass wir aufhören sollen. Aber sie sagte es mit einem Lächeln, weil sie diese Art von Musik auch mag. Sie ist so cool!

Tanta Agatha erlaubt mir noch nicht einmal, einen Schallplattenspieler zu **besitzen**, geschweige denn „solch teuflischen Lärm"(so bezeichnet sie alle nach Mozart geschriebene Musik) überhaupt anzuhören. Es ist so frustrierend! Als ich nach London kam, um Wirtschaftswissenschaften zu studieren, ging es mir vor allem darum, zum ersten Mal in meinem Leben frei zu atmen. Aber vor Mamas ernsten Blick und den strengen Regeln in Brightwood Castle zu fliehen, war nicht genug. Nun ist es Tante Agatha, die wie ein Falke über mich wacht und meinen Eltern über mein angeblich schlechtes Benehmen berichtet. Ich wünschte, ich hätte einfach normale Eltern wie jeder andere!

Der Earl of Brightwood

Als sie schließlich das Schloss erreichten, war Paula gegen ihren Willen doch beeindruckt. Eine Steinmauer umgab das Anwesen, das sie durch ein mindestens fünf Meter hohes Eisentor passierten. Zweige mit Blättern aus Eisen rankten sich um die Stäbe, die oben spitz zuliefen. Hier konnte so schnell niemand einbrechen!

Hinter dem Tor führte eine Straße durch einen Park voller Rosenbeete und mit so kurz gemähtem Rasen, dass er wie eine riesige grüne Frotteedecke aussah.

„Möchte mal wissen, was für einen Rasenmäher die hier benutzen", murmelte Paulas Vater. Ihr eigener Rasen bestand weniger aus Gras als vielmehr aus Löwenzahn, Klee und Gänseblümchen.

„Ich weiß nicht, ob das am Rasenmäher liegt, Papa", sagte Paula. Ihre Mutter lachte so heftig, dass sie sich verschluckte.

Ihr Vater fuhr weiter im Schritttempo und warf den Gärtnern, die überall im Park arbeiteten, finstere Blicke zu.

Da stieß Paulas Mutter plötzlich einen Jauchzer des Entzückens aus und deutete vor sich.

Als sie es sah, musste Paula sich zusammenreißen, um nicht selbst „ah!" und „oh!" zu rufen. Vor ihnen ragte Brightwood Castle in den Himmel wie ein Schloss aus einem Märchen. Man konnte sich mühelos vorstellen, dass in einem der runden Türme Rapunzel Jahr um Jahr ihr Haar flocht, während sie auf ihren Prinzen wartete. Und dass die übrigen Bewohner des Schlosses einen hundertjährigen Schlaf schliefen, weil Dornröschen sich an einer Spindel gestochen hatte. Das einzig Lebendige schien der gewaltige Meeresgott zu sein, der mit seinem Dreizack das plätschernde Wasser im Brunnen vor dem Schlosstor aufzuspießen versuchte.

Ihre Schritte knirschten auf dem Kies, als sie auf das Schloss zugingen. An den dicken Mauern rankten sich Rosen in allen möglichen Farben zu den kleinen Fenstern empor: hellgelb, blassrosa, leuchtend orange, weiß …

„Bezaubernd!", rief Paulas Mutter aus.

„Hier lässt sich's aushalten", meinte ihr Vater.

„Nicht schlecht", räumte Paula ein.

Exercise 1

Paare finden. Kannst du die deutschen Wörter ihren englischen Entsprechungen zuordnen? Zum Beispiel: ***Garten – garden.***

Brunnen	*fairy tale*
bezaubernd	*gardener*
Märchen	*lawn*
Gärtner	*charming*
Dornröschen	*fountain*
Rasen	*Sleeping Beauty*

Als wäre das Schloss „not amused[1]" über Paulas mangelnde Bewunderung, knarrte etwas in diesem Moment ohrenbetäubend. Paula erschrak und wich einen Schritt zurück, während sich das

1 not amused: nicht erfreut (*ein Ausdruck, der Queen Elizabeth oft zugeschrieben wird)*

riesige Holztor mit dem goldenen Wappen – ein Drache, der auf einem Baum saß – erstaunlich schnell öffnete.

Eine Stimme rief: „Don't you dare![2]“, dann preschte ein goldener Fellblitz durch das Tor und verschwand hinter einer nahen Hecke. „You greedy[3] dog!“ In der Tür erschien eine hagere, ganz in Schwarz gekleidete Frau mit einer weißen Schürze. Sie sah so vornehm aus, dass Paula ihr einen solchen Kraftausdruck nie und nimmer zugetraut hätte. Als sie Paula und ihre Eltern sah, strich sie ihre Schürze glatt und lächelte, sodass man tausend kleine Falten sehen konnte.

„You must be the Wintermaiers“, sagte sie. „I'm the cook[4], Mrs Carbini. Welcome to Brightwood Castle.“

Sie folgten ihr ins Haus, in dem es dunkel und angenehm kühl war.

„And don't mind[5] the dog“, sagte die Köchin. „It won't get in your way again, will it?“ Die letzten Worte richtete sie an einen Jungen, der atemlos die breite Wendeltreppe heruntergelaufen kam und Paula fast umrannte.

„No, Mrs Carbini“, keuchte der Junge. „I have no idea[6] how Digger managed to[7] get in this time…“

„I don't care[8] how he got in, Jamie“, sagte Mrs Carbini. Ihr Ton war streng, aber man merkte ihr an, dass sie dem Jungen mit dem strubbeligen blonden Haar und den großen blauen Augen, der sie entschuldigend anlächelte, nicht böse sein konnte. „Just make sure[9] that it doesn't happen[10] again. You know that the Earl doesn't …“

„You blithering idiot[11]!“, brüllte da eine Männerstimme. Eine Tür im ersten Stock wurde aufgerissen, dann stürmte jemand die Treppe hinunter. Auf halber Höhe bemerkte er die Wintermaiers und blieb abrupt stehen, bevor er gemessenen Schrittes die letzten Stufen nahm.

2 don't you dare!: wag es ja nicht! 3 greedy: verfressen 4 cook: Koch/Köchin 5 don't mind the dog: kümmere dich nicht um den Hund 6 to have no idea: keine Ahnung haben 7 to manage to do something: es schaffen, etwas zu tun 8 I don't care: es ist mir egal 9 to make sure: sicherstellen 10 to happen: passieren 11 blithering idiot: Vollidiot

Exercise 2

Contracted forms. Schreibe die folgenden zusammengezogenen Formen jeweils als zwei getrennte Wörter. Zum Beispiel: *I'm* → *I am*. Achtung: Manchmal gibt es mehrere Möglichkeiten!

1. *doesn't* ________________
2. *she's* ________________
3. *won't* ________________
4. *they'll* ________________
5. *can't* ________________

„I apologise[12] for the staff[13]. You have nothing but trouble with them. But you surely are familiar[14] with these problems – or maybe[15] you are not", fügte der Earl of Brightwood nach einem Blick auf Paulas knallgelbe Sandalen und die kurze Hose ihres Vaters hinzu.

„However[16]." Er zog eine Taschenuhr an einer Goldkette aus der Weste seines braunkarierten Anzugs, auf dessen Brust ebenfalls der Drache des Familienwappens prangte. „I have to go now. Urgent[17] business[18], you know. Or maybe you don't. Well, I wish you a pleasant[19] stay[20] at Brightwood Castle."

Sein unechtes Lächeln verschwand, als er Jamie musterte, der mit gesenktem Kopf am Fuß der Treppe stand. „And you, boy, go on and carry[21] our guests' luggage[22] upstairs, get a move on[23]!"

„Was für ein Blödmann", flüsterte Paula. Jamie grinste. Dann lief er nach draußen, um ihre Koffer zu holen.

12 to apologise: sich entschuldigen 13 staff: Personal 14 familiar: vertraut 15 maybe: vielleicht 16 however: wie auch immer 17 urgent: dringend 18 business: Geschäft/e 19 pleasant: erfreulich 20 stay: Aufenthalt 21 to carry: tragen 22 luggage: Gepäck 23 get a move on!: aber dalli!

Exercise 3

Wahr oder falsch? Eine der folgenden Aussagen ist falsch. Findest du heraus, welche?

1. *When they arrive at Brightwood Castle, Paula is bored*[24].

2. *The Earl of Brightwood wears a black pinstriped*[25] *suit*[26].

3. *The cook is called Mrs Carbini.*

4. *There is a fountain in front of the castle.*

24 bored: gelangweilt 25 black pinstriped: schwarz gestreift 26 suit: Anzug

30th May 1970

Dear diary,
When I came home today, you were lying on my bed. I could have sworn I put you in the wardrobe[28] last night! Well, perhaps it should come as no surprise to me that Aunt Agatha has been poking her nose into my business[29], but I was really upset[30].

I'm going to hide[31] you, dear diary, in a lockable box underneath my underwear[32] from now on. So I won't have to worry about Aunt Agatha finding out about what Marie and I have been planning. It's a really bold[33] plan and I'm not sure whether we will actually dare to go through with it[34]. But I'd really love to!

Liebes Tagebuch,
als ich heute nach Hause kam, lagst du auf meinem Bett. Dabei hätte ich schwören können, dass ich dich gestern abend in den Schrank gelegt habe! Nun, vielleicht sollte ich nicht überrascht sein, dass Tante Agatha ihre Nase in meine Angelegenheiten gesteckt hat, aber ich habe mich wirklich aufgeregt.

Ich werde dich, liebes Tagebuch, ab jetzt in einer verschließbaren Schachtel unter meiner Unterwäsche verstecken. Damit ich mir keine Sorgen machen muss, dass Tante Agatha herausfindet, was Marie und ich geplant haben. Es ist ein wirklich gewagter Plan, und ich bin mir nicht sicher, ob wir es tatsächlich wagen werden, ihn auszuführen. Aber ich würde es unheimlich gerne machen!

28 wardrobe: Kleiderschrank 29 to poke one's nose into something: seine Nase in etwas stecken 30 upset: aufgebracht 31 to hide: verstecken 32 underwear: Unterwäsche 33 bold: kühn 34 to go through with something: etwas durchziehen

Ein Lichtblick

„The Earl isn't used to dealing with[1] holiday visitors[2]", erklärte Jamie Paula, als er ihren Rucksack in den ersten Stock trug. „But since Lady Amelia died two weeks ago, he's in charge[3]. And he hates it with a passion[4]", fügte er grinsend hinzu und ließ Paulas Rucksack auf ihr Bett fallen.

Paula hatte ihr Gepäck selbst tragen wollen, aber Jamie hatte gemeint, dass er dann Ärger mit dem Earl bekommen würde. Und davor schien er große Angst zu haben.

„Maybe he's sad[5] because his mother died", sagte Paula, „but still that's no excuse for behaving[6] like an idiot."

Jamie zuckte die Achseln. „I agree[7], but that's the way it is[8]."

„But you don't have to obey[9]!", sagte Paula aufgebracht. „He can't force[10] a child to work for him, can he?!"

Exercise 4

Fragen. Im Englischen werden Fragen oft mit einer „Mini-Frage" beendet, dem *question tag*. Zum Beispiel: *You haven't told her yet, have you?* Bilde Fragen mit *question tags* aus den folgenden Aussagen.

1. *He is behaving like an idiot,* ________________?
2. *Lady Amelia died two weeks ago,* ________________?
3. *You don't have to obey,* ________________?
4. *I'll visit my friend,* ________________?

1 to deal with: umgehen mit 2 holiday visitors: Feriengäste 3 to be in charge: verantwortlich sein 4 with a passion: leidenschaftlich 5 sad: traurig 6 to behave: sich verhalten, sich benehmen 7 to agree: zustimmen 8 that's the way it is: so ist das nun mal 9 to obey: gehorchen 10 to force: zwingen

Jamie schaute unbehaglich zu Boden. „No. But he could cause trouble for[11] my mum. She's the housekeeper[12] here. And since Lady Amelia died, it's been getting worse[13] as it is[14] …"

Paula wollte etwas sagen, aber da war Jamie schon halb zur Tür hinaus. „I have to get your parents' luggage before the Earl catches me lingering about[15]."

Plötzlich wurde Paula klar, dass sie keine Ahnung hatte, ob sie ihn wiedersehen würde. Er war richtig nett, und sie konnte einen Freund hier gut gebrauchen. „Where do you live?", rief sie ihm hinterher.

Jamie drehte sich noch einmal um. „We're living in the summer house[16] behind the hedges[17] at the eastern end of the park", sagte er. Er zögerte kurz, dann fügte er hinzu: „Maybe you'd like to visit me, say[18], tomorrow morning? I could show you around[19]."

„I'd love to[20]!", rief Paula, dann blickte sie ebenso verlegen zu Boden wie Jamie.

Als er gegangen war, ließ Paula sich rücklings aufs Bett fallen. Sie betrachtete die stuckverzierte Zimmerdecke, die Rosenvorhänge vor ihrem kleinen Fenster und den verschnörkelten Holztisch mit dem Stuhl davor. Das Zimmer gefiel ihr. Und Jamie auch. Sie freute sich darauf, mit ihm morgen die Gegend zu erkunden.

Vielleicht würden die Ferien doch nicht so langweilig werden, wie sie befürchtet hatte.

11 to cause trouble for someone: jemandem Ärger machen 12 housekeeper: Haushälterin 13 worse: schlimmer 14 as it is: wie es aussieht 15 to linger about: herumtrödeln 16 summer house: Gartenhaus 17 hedge: Hecke 18 say: *hier*: sagen wir 19 to show someone around: jemanden herumführen 20 I'd love to!: wahnsinnig gern!

2nd June 1970

Dear diary,
We're going to do it! Marie and I are going to the Isle of Wight Festival in August! We'll get to see musicians like The Who, Jimi Hendrix, Joan Baez, Mungo Jerry and The Moody Blues, and even Supertramp will be there! People say it's going to be like Woodstock, just bigger. And we will be a part of it, sleeping in sleeping bags[21] on the ground, dancing all day long and all night, too …

Liebes Tagebuch,
wir werden es tun! Marie und ich fahren zum Isle-of-Wight-Festival im August! Wir werden dort Musiker wie The Who, Jimi Hendrix, Joan Baez, Mungo Jerry and The Moody Blues zu sehen bekommen, und sogar Supertramp werden da sein! Die Leute sagen, es wird wie Woodstock werden, nur größer. Und wir werden ein Teil davon sein, in Schlafsäcken auf dem Boden schlafen, den ganzen Tag tanzen, und auch die ganze Nacht …

21 sleeping bag: Schlafsack

Tee mit dem Earl

Exercise 5

Hauptsache Hauptwort! Bilde Nomen zu den folgenden Wörtern. Zum Beispiel: *meet – meeting.* Oft kann man übrigens mehrere Nomen aus einem Wort ableiten!

1. *murder* ____________________
2. *sleep* ____________________
3. *serve* ____________________
4. *think* ____________________
5. *excuse* ____________________

Helles Glockenläuten weckte Paula auf. Na so was, sie war auf ihrem Bett eingedöst! Die Tür sprang auf, und Paulas Mutter steckte den Kopf herein.

„Tea is being served in the drawing room[1]“, sagte sie so geziert, dass Paula lachen musste.

Sie kicherte immer noch, als sie mit ihren Eltern den Salon betrat. Das brachte ihr einen missbilligenden Blick des Earls ein, der bereits am Teetisch saß und ungeduldig mit zwei Fingern auf die Tischplatte klopfte.

„At Brightwood Castle we take tea at five o'clock, on the dot[2]“, sagte er frostig.

1 drawing room: Salon, Aufenthaltsraum 2 on the dot: pünktlich

Paulas Mutter zwinkerte ihr zu. Dann machte sie einen Knicks in Richtung des Earls und sagte: „Please accept our apologies[3]."

Der Earl stutzte, zog kurz die dicken Augenbrauen zusammen und winkte sie dann mit einer herrischen Geste heran. Die drei setzten sich zu ihm.

Es war offensichtlich, dass der Earl es hasste, mit Fremden Tee zu trinken. Warum tat er es dann trotzdem?, fragte Paula sich. Wahrscheinlich weil Lady Amelia es auch immer so gehalten hatte. Für Urlauber war es ja auf jeden Fall etwas Besonderes, wenn sie zu Hause erzählen konnten, dass sie mit einem echten englischen Earl geplaudert hatten.

Paula wusste allerdings schon jetzt, dass sie über diesen Earl nichts Gutes zu berichten haben würde. Erst recht nicht, als Mrs Carbini mit dem Tee kam und beim Einschenken ein winziger Spritzer auf die schneeweiße Tischdecke fiel. „For heaven's sake[4]!", herrschte der Earl sie an. „Is it too much to ask to have a nice cup of tea served without getting it splattered[5] all over the place?!"

Mrs Carbinis Hand zitterte, aber sie schaffte es trotzdem, auch noch allen anderen Tee einzuschenken. Paula lächelte ihr zu, und ihr Vater bedankte sich besonders freundlich bei der Köchin.

Als sie gegangen war, sagte eine Weile niemand etwas. Der Earl starrte in seine Tasse, Paula betrachtete die alten, feingeschnitzten Holzstühle, die dunkle Holzdecke und die Spitzenvorhänge vor den bogenförmigen Fenstern. Schließlich brach Paulas Vater das Schweigen.

„Excuse me, your Lordship, but I tried to connect[6] to the Internet earlier, but in vain[7]. Do you …"

„We don't have an Internet connection here at Brightwood Castle", knurrte der Earl.

3 apology: Entschuldigung 4 for heaven's sake: um Himmels willen 5 splattered: bespritzt 6 to connect to: (sich) verbinden mit 7 in vain: vergeblich

Exercise 6

Mengen. Eine Tasse Kaffee, ein Stück Kuchen: Unterschiedliche Wörter verlangen verschiedene Mengenangaben. Ordne den folgenden Wörtern die passenden Mengenangaben zu.
Zum Beispiel: ***a cup of tea.***

a glass of	*hot chocolate*[8]
a slice[9] *of*	*trousers*
a pair of	*paper*
a piece of	*beer*
a cup of	*bread*

„I see", sagte Paulas Vater. „Well, it's a more comfortable life without e-mails and the like …"

„Not at all", unterbrach ihn der Earl. „The government[10] is neglecting the needs of the rural[11] population[12], that's the reason! Of course I myself have access[13] to the Internet. But it's so darned[14] expensive that it would ruin me to offer it to our guests, too."

Paulas Vater verstummte. Seine Frau sah ihn aufmunternd an, als wollte sie sagen: Lass mich mal.

„Well, Mr … Lord, please forgive me for being curious[15]", sagte sie fröhlich, „but could you tell us about the alleged[16] ghosts here at Brightwood Castle?"

Der Earl setzte seine zarte Porzellantasse so heftig auf, dass Paula erwartete, sie würde in tausend Teile zerspringen. Aber es schwappte nur etwas Tee auf die Tischdecke. Der Earl starrte

8 hot chocolate: Kakao 9 slice: Scheibe 10 government: Regierung 11 rural: ländlich 12 population: Bevölkerung 13 access: Zugang 14 darned: verdammt 15 curious: neugierig 16 alleged: angeblich, vermeintlich

Paulas Mutter fassungslos an. Sein Kiefer mahlte, als würde er auf Eisen kauen. Dann zog er plötzlich seine Taschenuhr hervor, stieß seinen Stuhl zurück und sprang auf.

„I'm inconsolable[17], but I have to leave you now. Urgent business, you know. Enjoy[18] your tea." Dann lief er zur Tür.

„Du hast ihn in die Flucht geschlagen", meinte Paulas Vater grinsend.

„Gut gemacht, Mama", fügte Paula hinzu.

„Dabei hätte ich so gern eine Geistergeschichte gehört", seufzte ihre Mutter.

Paula hob ihre Teetasse zum Mund und spreizte den kleinen Finger ab. „Don't be ridiculous[19]", sagte sie ebenso arrogant wie der Earl. „There are no such creatures[20] as ghosts. And now stop keeping me from my urgent business!"

Alle drei lachten, als plötzlich ein Luftzug die Servietten auf dem Tisch rascheln ließ.

„Geister, sag ich doch!", rief Paulas Mutter. Paula und ihr Vater schütteten sich aus vor Lachen.

Als sie sich wieder beruhigt hatten, fiel Paula auf, dass alle Bogenfenster geschlossen waren und keine der Spitzengardinen sich bewegte. Aber woher war dann der Luftzug gekommen?

Jetzt steckt Mama mich schon an mit ihren Geistergeschichten!, schalt Paula sich selbst. Sicher gab es irgendwo einen Luftschacht, oder ein Fenster war undicht. Geister waren jedenfalls keine Erklärung!

17 inconsolable: untröstlich 18 to enjoy: genießen 19 ridiculous: lächerlich 20 creature: Wesen

June 5th 1970

Dear diary,
I feel like a bank robber, plotting an evil[21] plan. If Mum and Dad ever found out, they'd murder me! Or at least disinherit[22] me. But it would definitely be worth it!

Marie and I won't get much sleep until the end of August because we have to make up[23] a convincing[24] story for our absence[25] from 25th August till 1st September.

Liebes Tagebuch,
Ich komme mir vor wie ein Bankräuber, der einen bösen Plan ausheckt. Wenn Mum und Dad das je herausfinden, bringen sie mich um! Oder sie würden mich zumindest enterben. Aber es wäre die Sache auf jeden Fall wert!

Marie und ich werden bis Ende August nicht viel Schlaf bekommen, weil wir uns eine überzeugende Geschichte ausdenken müssen, um unsere Abwesenheit vom 25. August bis zum 1. September zu erklären.

21 evil: böse 22 to disinherit: enterben 23 to make up: erfinden 24 convincing: überzeugend 25 absence: Abwesenheit

Die unfreiwillige Zeugin

Exercise 7

Wörtersuche. Finde auf dieser und der nächsten Seite die deutschen Entsprechungen zu diesen englischen Wörtern:

breakfast, scrambled eggs, rolls, sausages, lunch

Paula schlief in ihrem Schlosszimmer wie ein Stein, bis die Morgensonne sie in der Nase kitzelte. Sie sah auf den weiß emaillierten Wecker auf ihrem Nachttisch. Schon neun Uhr?!

Paula sprang aus dem Bett, rannte ins Bad, zog sich dann blitzschnell an und lief die Treppe hinunter zum Salon, wo das Frühstück serviert wurde.

Glücklicherweise war der Earl nicht da – bestimmt war er schon seit dem Morgengrauen mit „urgent business" beschäftigt.

Mrs Carbini hatte allerlei Leckereien aufgefahren: weiche Brötchen, Scones, Rührei, Würstchen, gebratene Tomaten, Orangen- und Himbeermarmelade … Aber Paula hatte heute keine Zeit, alles durchzuprobieren.

„Na, du hast wohl auch dringende Geschäfte zu erledigen?", neckte ihr Vater sie.

Paula nickte mit vollem Mund. Je schneller sie mit dem Frühstück fertig war, desto eher konnte sie zu Jamie hinüber laufen.

„Der Junge von gestern", stellte ihre Mutter fest. Woher wusste sie das bloß? Paula merkte, dass sie rot wurde, und versteckte ihr Gesicht hinter einer Serviette. „Ich bin doch froh, wenn du jemanden zum Spielen hast“, fügte ihr Mutter hinzu.

Spielen? Paula wollte protestieren, aber das Brötchen in ihrem Mund hinderte sie daran. Egal. Sollten ihre Eltern doch denken, was sie wollten. Sie schluckte den letzten Bissen hinunter.

„Darf ich?“

„Aber sei um zwölf zum Mittagessen zurück, ja?“, rief ihre Mutter. Doch da war Paula schon zur Tür hinaus.

Was hatte Jamie noch gesagt, wo er wohnte? „In the summer house behind the hedges at the eastern end of the park.“ Na, dann los!

Exercise 8.

Präpositionen. Setze die Präpositionen *on, in, behind, at, to* in die Lücken ein. Zum Beispiel:
The garden house is ____________ the hedges. →
The garden house is behind the hedges.

1. *I'll meet you ____________ the end of the road.*
2. *Please put the knife ____________ the table!*
3. *Don't leave your brother alone ____________ the park!*
4. *Let's go ____________ the cinema.*
5. *The room is ____________ this wall.*

Vor dem Eingang zum Schloss blieb sie stehen. Wo zum Teufel war Osten? Ach ja, da, wo die Sonne aufgeht! Paula lief in die Richtung, die sie für die richtige hielt. Nachdem sie ein langgestrecktes Beet voller gelber und violetter Stiefmütterchen umrundet hatte, legte sie einen Zahn zu. Auf diesem kurzrasierten Rasen konnte man richtig gut laufen! Schon bald hatte sie die dornigen Hecken im Ostteil des Parks erreicht. Da war auch ein Durchgang. Und dahinter … war das das Gartenhaus?

Paula hatte so etwas wie eine hölzerne Gartenlaube erwartet, aber dies hier war ein richtiges Cottage aus Stein. Mit einem eigenen kleinen Garten, Bastkörben voller Geranien, einer Sitzgruppe aus filigran geschmiedeten gusseisernen Stühlen und einem ebensolchen Tisch, die unter einem Kirschbaum standen.

Ob Jamie wirklich hier wohnte? Oder war das womöglich ein Extrahäuschen für den Earl, der hier in aller Ruhe seinen „dringenden Geschäften" nachging? Die Hand an der Klingel, zögerte Paula.

Im Haus polterte etwas, dann klang die wütende Stimme des Earls of Brightwood dumpf an Paulas Ohren.

„I'm not here to discuss this matter[1] with you", sagte er.

„But you can't be serious about this[2], Charles!", rief eine Frauenstimme. Das musste Jamies Mutter sein. „My salary[3] isn't enough to pay a rent[4] out of! Your mother …"

„Keep my mother out of it[5]!", schrie der Earl. „She's gone and won't protect[6] you any more."

„This is not about protection, Charles. We had an agreement[7]. I work for a lower salary and in exchange[8] Jamie and I can live here for free[9]."

Der Earl lachte höhnisch. „That agreement was made with my mother. It's no longer valid[10]. Now you have to deal with me."

1 matter: Angelegenheit 2 to be serious about something: etwas ernst meinen 3 salary: Gehalt 4 rent: Miete 5 keep my mother out of it!: lass meine Mutter aus dem Spiel! 6 to protect: beschützen 7 agreement: Vereinbarung 8 in exchange: dafür 9 for free: umsonst 10 valid: gültig

Exercise 9

Unregelmäßige Verben. Setze die fehlenden Verbformen in die Tabelle ein. Zum Beispiel: ***have – had – had.***

______	*made*	______
build	______	______
buy	______	______
______	______	*chosen*
______	*did*	______

Eine Weile hörte Paula nichts. Dann sprach Jamies Mutter wieder, ruhig und so leise, dass Paula sie kaum verstehen konnte.

„All right, then. Let's talk about a new agreement. If you pay me an appropriate[11] salary, I'll pay the rent for the cottage. What do you think, Charles?"

„I think, you're going to pay the rent as it is or you'll leave. – And don't call me Charles any more. I'm the Earl of Brightwood and from now on you have to address me[12] as such!"

Der letzte Satz hatte so hasserfüllt geklungen, dass Paula einen Moment wie betäubt da stand. Erst als die Haustür aufgerissen wurde, wurde ihr klar, dass das Gespräch zu Ende war. Aber sie konnte nicht mehr verhindern, dass der Earl sie beinahe über den Haufen rannte.

Mit finsterer Miene schob er sie grob zur Seite, bevor er durch die Hecken in Richtung Schloss verschwand.

„I'm so sorry! Are you all right?" Jamies Mutter kam herbei-

11 appropriate: angemessen 12 to address: ansprechen

gelaufen. Ihre braunen Locken fielen ihr ins Gesicht, als sie sich besorgt zu Paula herunterbeugte.

„I'm fine[13]", antwortete Paula. Erst da merkte sie, wie wütend sie war. „That Earl is … He's a real idiot!"

Sie schlug sich erschrocken die Hand vor den Mund. „Oh, I'm sorry!"

Jamies Mutter lachte. „Never mind[14]. You're not the only one who wants to call him names[15]. I myself used to call him Pinocchio when we were kids. Because he always moved as if he had swallowed a broom[16]. – But that was a long time ago", sagte sie versonnen. „Today he doesn't even want me to call him Charles anymore …"

Paula wusste nicht, was sie sagen sollte. Aber Jamies Mutter hatte sich schon wieder gefangen.

„Well, where are my manners[17]? I'm Meredith Baxter, Jamie's mum. And you must be Paula. Please come in! Jamie and Digger should be here any minute. – And please call me Meredith."

Exercise 10

Zu Befehl! Bilde zu den folgenden Verben die Befehlsform. Was fällt dir auf?

1. *come* ________________
2. *call* ________________
3. *go* ________________
4. *drink* ________________

13 I'm fine: mir geht es gut 14 never mind: das macht nichts 15 to call someone names: jemanden beschimpfen 16 as if he had swallowed a broom: als ob er einen Besen verschluckt hätte 17 manners: Manieren

26th June 1970

Dear diary,
Marie has done it! She has bought the tickets! It was only when[18] I held them in my hands that I realised[19] we were really going to be there, on the Isle of Wight. With people from all over the world (not to mention people and bands like Jethro Tull, Emerson, Lake & Palmer and the extremely handsome Leonard Cohen!!!).

I want to tell everybody but I have to keep my lips sealed[20]. It's too dangerous to tell anyone we won't be visiting one of my cousins (that's the version for Marie's mum) or one of Marie's cousins (that's for Aunt Agatha and my parents).

Liebes Tagebuch,
Marie hat es getan! Sie hat die Karten gekauft! Erst als ich sie in meinen Händen hielt, ist mir bewusst geworden, dass wir wirklich dort sein werden, auf der Isle of Wight. Mit Menschen von überall her (mal ganz zu schweigen von Leuten und Bands wie Jethro Tull, Emerson, Lake & Palmer und dem extrem gutaussehenden Leonard Cohen!!!).

Ich will es allen erzählen, aber ich darf nichts ausplaudern. Es ist zu gefährlich, jemandem zu erzählen, dass wir nicht einen meiner Cousinen besuchen werden (so lautet die Version für Maries Mutter) oder einen von Maries Cousinen (diese Version ist für Tante Agatha und meine Eltern).

18 it was only when …: erst als … 19 to realise: begreifen, sich klarmachen 20 to keep one's lips sealed: nicht reden, nichts ausplaudern

Jamies Wald

Paula folgte Meredith ins Haus, die ihr sogleich Haferplätzchen und Kakao anbot. Während sie Milch aufsetzte, ließ sie sich nicht anmerken, wie sehr sie der Streit mit dem Earl mitgenommen hatte. Aber als sie dann am Küchentisch saßen und Paula nach der Geschichte von Brightwood Castle fragte, wurde Jamies Mutter wieder traurig.

„I didn't mean to …", sagte Paula, aber Meredith legte ihr eine Hand auf den Arm.

„It's not your fault[1]." Sie seufzte. „It's just that I miss Lady Amelia so much. We were, well, I think you could say, we were friends even though I worked for her."

Sie strich sich die Locken aus der Stirn und lächelte wehmütig. „When Charles and I were children, we used to play together as if we were siblings[2], and Lady Amelia treated me[3] like a child of her own. We were quite close[4] in those days[5], the three of us[6]. – Well, it's no use clinging to the past[7]. I'll be going to miss Lady Amelia for a long time to come, but right now I have to cope with[8] Charles. I really have no idea why he seems to hate me …"

Exercise 11

Gleich und gleich gesellt sich gern. Findest du die jeweils zwei Wörter, die eine ähnliche Bedeutung haben? Zum Beispiel: *hate – dislike*.

terrible – fool – maintain – reply – maybe – mild – preserve – idiot – gentle – perhaps – respond – awful

1 it's not your fault: es ist nicht deine Schuld 2 siblings: Geschwister 3 to treat someone like …: jemanden behandeln wie … 4 to be close: sich nahestehen 5 in those days: damals 6 the three of us: wir drei 7 to cling to the past: sich an die Vergangenheit klammern 8 to cope with …: fertigwerden mit …

In diesem Moment wurde die Küchentür aufgerissen und ein großer goldbrauner Hund stürzte bellend ins Haus, gefolgt von Jamie. Digger stupste Paula mit seiner Schnauze an, dann leckte er ihr begeistert die Hand.

„Digger likes you", sagte Jamie grinsend. Er stopfte sich ein ganzes Haferplätzchen auf einmal in den Mund. Dann nahm er den Plätzchenteller, hielt aber kurz inne und sah seine Mutter fragend an.

Sie lachte. „Just take the biscuits[9]. I don't want you and Paula to starve[10] until lunch."

Jamie ließ die Plätzchen in die Tasche seiner Jacke gleiten, dann zogen Paula, Jamie und Digger los.

Als Großstadtkind war Landleben für Paula bisher gleichbedeutend mit Langeweile pur gewesen. Aber als sie nun mit Jamie und seinem Hund durch die Gegend streifte, wurde ihr klar, dass sie sich geirrt hatte.

Sie hatten den Park des Schlosses schnell hinter sich gelassen und waren in den Wald eingetaucht. Der gehörte auch zum Besitz des Earls, und er war riesig. Jamie zeigte Paula Eichhörnchen, die die Bäume hochflitzten, Mäuse raschelten durchs Unterholz, und einmal entdeckten sie sogar einen Fuchs, der sich aber schnell aus dem Staub machte. Das Beste war jedoch der Fluss. Sein Wasser war so klar, dass die Fische darin zum Greifen nah schienen. Ein Biber hatte einen kleinen Staudamm aus Zweigen gebaut, auf dem Blumen mit winzigen weißen Blüten wuchsen. Sie liefen stundenlang herum, und Paula war überwältigt.

„You haven't seen the best thing yet", meinte Jamie grinsend und deutete nach oben.

Zuerst sah Paula nichts. Aber dann rief sie überrascht: „That's a treehouse[11]!"

9 biscuits: Plätzchen 10 to starve: hungern 11 treehouse: Baumhaus

Jamie lachte und rollte eine verborgene Strickleiter aus. Sie kletterten nach oben und machten es sich auf einer Bank gemütlich, die Jamie selbst gebaut hatte, während Digger auf dem Waldboden nach Mäusen oder sonst was stöberte.

Sie aßen Kekse und tranken eiskaltes Flusswasser.

„It's really beautiful", meinte Paula mit vollem Mund.

Jamie nickte. „I wouldn't want to live anywhere else."

Exercise 12

Mehr als eins. Bilde den Plural zu den folgenden Wörter.
Zum Beispiel: ***wife – wives.***

1. *fork* ________________
2. *bus* ________________
3. *life* ________________
4. *story* ________________
5. *tomato* ________________
6. *lamp* ________________

Plötzlich hatte Paula keinen Appetit mehr. Wenn es nach dem Earl ging, würde Jamie vielleicht schon bald nicht mehr hier wohnen. Sollte sie ihm sagen, was sie mitangehört hatte? Sie war noch unschlüssig, als Jamie sagte:

„I only wish Lady Amelia were still alive[12]. Her son is giving my mum quite a hard time[13]." Er knibbelte gedankenverloren an einem Stück Baumrinde. „Mum never complains[14], but he makes her work harder and longer day by day. That's why I do my best

12 alive: am Leben 13 to give someone a hard time: jemandem das Leben schwermachen 14 to complain: sich beschweren

not to upset[15] him. And I try to help Mum by doing whatever the Earl tells me to do. Like carrying your luggage, you know." Jamie sah Paula ernst an. „Please don't tell my mum, but I think he wants to get rid of[16] us."

Paula wollte irgendetwas Tröstliches sagen, aber sie konnte es nicht. Jamie hatte ja recht. Alles, was sie vorhin mitangehört hatte, sprach dafür.

Jamie sah verlegen auf seine baumelnden Beine. „I'm sorry. I shouldn't have told you all this. You're here to enjoy your holidays and not to worry about[17] people you hardly[18] know …"

Paula unterbrach ihn. „Don't be foolish[19]!", sagte sie heftig. „I hated seeing the Earl treat[20] you like he did yesterday and I do care[21]! Not to mention[22] the way he yelled[23] at your mum …" Erschrocken brach Paula ab. Aber es war schon zu spät.

„He yelled at her?!", sagte Jamie entsetzt. „Tell me!"

Exercise 13

Wörtermix. Bilde so viele englische Wörter wie möglich aus einem Ausgangswort. Zum Beispiel *breakfast → fast, break, at, bear, stab, steak, far …*

Ausgangswort: *treehouse*

____

____

____

____

____

15 to upset: verärgern; aufregen 16 to get rid of someone: jemanden loswerden 17 to worry about something: sich wegen etwas Sorgen machen 18 hardly: kaum 19 foolish: albern, dumm 20 to treat: behandeln 21 to care: sich sorgen; sich kümmern 22 to mention: erwähnen 23 to yell at someone: jemanden anschreien

3rd July 1970

Dear diary,
Our cover story is developing[24] nicely. Marie's and my imaginary[25] cousin, Betty, who lives in Scotland, has just given birth to a baby boy and needs a helping hand because her husband[26] is away for three months on a visiting professorship[27] in the US. Betty lives on a small farm without electricity so there is no telephone. But we will promise our parents that we will give them a call every other day[28] from a grocery in a nearby town. It's by no means[29] a watertight[30] story but it has to suffice[31]. We're counting on our parents never suspecting[32] we'd do something as adventurous[33] as what we are going to do. As I write this, I feel a bit of a bad conscience[34] coming on. Although there is no reason to feel guilty[35]. We're just going to have five days of music and fun. It's not like we're going to attend[36] a satanic ritual or anything. Well, I don't think there will be any satanic rituals …

Liebes Tagebuch,
Unsere Tarngeschichte enwickelt sich gut. Maries und meine eingebildete Cousine, die in Schottland lebt, hat gerade einen Jungen geboren und braucht Hilfe, weil ihr Ehemann drei Monate lang eine Gastprofessur in den USA hat. Betty lebt auf einem kleinen Bauernhof ohne Elektrizität, deshalb gibt es dort auch kein Telefon. Aber wir werden unseren Eltern versprechen, dass wir sie jeden zweiten Tag von einem Gemüseladen in einer nahen Stadt aus anrufen. Das ist keinesfalls eine wasserdichte Geschichte, aber sie muss reichen. Wir bauen darauf, dass unsere Eltern uns niemals verdächtigen würden, so etwas Abenteuerliches zu tun. Während ich dies schreibe, bekomme ich ein bisschen ein schlechtes Gewissen. Obwohl es keinen Grund gibt, sich schuldig zu fühlen. Wir werden einfach nur fünf Tage lang Musik und Spaß haben. Wir nehmen ja nicht an einem satanischen Ritual oder so teil. Na ja, zumindest glaube ich, es wird keine satanischen Rituale dort geben …

24 to develop: (sich) entwickeln 25 imaginary: eingebildet, ausgedacht 26 husband: Ehemann 27 visiting professorship: Gastprofessur (*an einer Universität*) 28 every other day: jeden zweiten Tag 29 by no means: auf keinen Fall 30 watertight: wasserdicht 31 adventurous: abenteuerlich, verwegen 32 bad conscience: schlechtes Gewissen 33 guilty: schuldig 34 to attend: besuchen, teilnehmen an

Zwei Kinder, ein Plan

Als Paula Jamie alles erzählt hatte, sagte er erst einmal nichts. Er knibbelte so lange schweigend an einer Holzplanke herum, bis Paula es schließlich nicht mehr aushielt.

„Maybe it's not as bad as it seems", sagte sie.

Jamie runzelte die Stirn. „It couldn't be any worse", sagte er düster. „Or is there even more you haven't told me?"

Exercise 14

Adjektive steigern. Setze die fehlenden Steigerungsformen der Adjektive ein.
Zum Beispiel: *good – better – best.*

quiet	____________	____________
____________	*sillier*	____________
much	____________	____________
____________	____________	*bravest*
important	____________	____________

„No", beeilte sich Paula zu versichern. „But I can't believe that the Earl can fire your mum just like that. There has to be a contract of employment[1], and …"

Aber Jamie unterbrach sie. „I don't think there is. You know, my mum has worked for the family of Brightwood Castle for all

1 contract of employment: Arbeitsvertrag

her life, just like her parents before her. And the former Earl, Lady Amelia's father, didn't believe in the written word."

Paula lächelte zaghaft. „Nevertheless, your mum has certain[2] rights", sagte sie. „And perhaps there is an employment contract after all. You should ask her about it."

Jamie schüttelte den Kopf. „She's depressed already, I don't want to make her feel even worse."

„But there must be something we can do!" Paula war nicht bereit, so schnell aufgeben. Und dann hatte sie eine brillante Idee. „I will look for the contract at the castle. I bet there is one and I'm going to find it, you'll see!"

Jamie lachte, was seine blauen Augen zum Leuchten brachte. Doch dann sagte der Ausdruck in Paulas Gesicht ihm offensichtlich, dass sie es bitterernst meinte. Er stand auf und begann auf den vielleicht zwei Quadratmetern des Baumhauses hin und her zu laufen.

„You cannot do that", sagte er beschwörend. „It's much too dangerous."

„No, it isn't", beharrte Paula. „If someone catches[3] me I'll tell them that I was just looking for the bathroom and got lost[4]."

„That's a stupid idea", sagte Jamie.

„No, it's not!", rief Paula wütend. „There are so many floors and rooms in the castle ..."

„That's not what I meant", unterbrach Jamie sie. „It's not dangerous because of the living but because of the dead ..."

Paula schnaubte. „You won't tell me about those ghosts again, will you? I don't believe in ghosts and I'm hell-bent[5] on going." Sie verschränkte die Arme vor der Brust und sah Jamie herausfordernd an. Der hielt ihrem Blick stand. Aber dann zuckte er plötzlich die Achseln und begann, die Strickleiter herunterzuklettern.

2 certain: gewisse 3 to catch: fangen, erwischen 4 to get lost: sich verlaufen 5 hell-bent: wild entschlossen

Paula folgte ihm. Schweigend gingen sie nebeneinander her. Und gerade, als Paula es nicht mehr aushielt, blieb Jamie stehen und fasste sie am Arm.

„All right. If I can't stop you I'll come with you."

Exercise 15

„will"-Futur. Setze die folgenden Sätze ins Futur, das mit „will" gebildet wird. Zum Beispiel: *You ________________ (leave) tomorrow → You'll leave tomorrow.*

1. *I ________________ (be) 12 next month.*
2. *She ________________ (explain) this exercise to you.*
3. *If you tell her about your boyfriend she ________________ (be jealous).*

Paula hätte sich tatsächlich viel wohler gefühlt, wenn sie nicht allein nachts im Schloss hätte herumschleichen müssen. Aber trotzdem schüttelte sie den Kopf.

„No, you won't. For me it's easy. But there's no way you could make excuses for yourself[6] if they caught us."

Jamie widersprach heftig, aber Paula blieb hart. Es war schon so schlimm genug für ihn, da wollte sie auf keinen Fall schuld sein, wenn der Earl noch etwas in die Hand bekam, um Jamie und seiner Mutter zu schaden. Und so ließ Jamie sich schließlich überreden, Paula allein gehen zu lassen. Bevor sie sich an den hohen Hecken trennten, die das Gartenhaus vom Schlosspark abgrenzten, kramte Jamie in seiner Hosentasche und griff dann nach Paulas Hand.

6 to make excuses for oneself: sich aus etwas herausreden

Paula wurde rot. Aber dann merkte sie, dass er ihr nur etwas geben wollte.

„What is it?", fragte sie und betrachtete das münzgroße Stück Metall, das er ihr in die Hand gedrückt hatte. Es sah tatsächlich aus, als wäre es einmal eine Münze gewesen, die man noch platter gedrückt hatte. Inzwischen war sie sehr abgegriffen. Aber ganz schwach konnte man einen eingeritzten Turm erkennen, und darunter stand: Paris.

„It's my lucky charm[7]", sagte Jamie. „I know that you don't believe in ghosts, but please take it anyway. And even if it's only to do me a favour.[8]"

„All right. Thank you." Paula steckte die Münze ein. „Have you ever been to Paris?", wollte sie noch wissen, aber bei dieser Frage verfinsterte sich Jamies Miene.

„See you tomorrow morning. Good luck", murmelte er, und dann: „Come on, Digger!" Und schon waren er und sein Hund zwischen den Hecken verschwunden.

Exercise 16

Wahr oder falsch? Eine der folgenden Aussagen ist falsch. Findest du heraus, welche?

1. *The Earl's first name is Charles.*
2. *The Earl makes Paula's mum work harder every day.*
3. *There is no Internet connection at Brightwood Castle for holidaymakers[9].*
4. *In the forest Paula sees mice, squirrels[10] and a fox.*

7 lucky charm: Glücksbringer 8 favour: Gefallen 9 holidaymaker: Urlauber 10 squirrel: Eichhörnchen

14th July 1970

Dear diary,
I was so nervous when I told Mum about Marie's cousin Betty and that we're going to visit her to help with the baby. But everything went well – until Mum asked me about the baby's name. It's unbelievable but for a moment I couldn't think of any name at all! I pretended to have something stuck in my throat[11] and then came up with „Dave".

Mum murmured something about good old-fashioned[12] names and how „those hippies" mutilate[13] them nowadays. But she praised our attempt[14] at „charity[15] work", as she put it[16]. In her opinion, it's suitable[17] preparation[18] for my duties[19] as a member[20] of the British aristocracy …

Liebes Tagebuch,
ich war so nervös, als ich Mum von Maries Cousine Betty erzählt habe, und dass wir sie besuchen werden, um ihr mit dem Baby zu helfen. Aber alles ging gut – bis Mum mich nach dem Namen des Babys fragte. Es ist unglaublich, aber in dem Moment fiel mir überhaupt kein Name ein. Ich tat so, als hätte ich etwas im Hals und sagte schließlich „Dave".

Mum murmelte etwas über die guten altmodischen Namen und wie „diese Hippies" sie heutzutage verschandeln. Aber sie lobte unseren Versuch, „wohltätig" zu sein, wie sie es ausdrückte. Ihrer Meinung nach ist das eine angemessene Vorbereitung auf meine Pflichten als Mitglied der britischen Aristokratie …

11 throat: Kehle, Hals 12 old-fashioned: altmodisch 13 to mutilate: verschandeln 14 attempt: Versuch 15 charity: Wohltätigkeit 16 as she put it: wie sie es ausdrückt/e 17 suitable: passend, angemessen 18 preparation: Vorbereitung 19 duty: Pflicht 20 member: Mitglied

Es geht los!

Als Paula ins Schloss zurück kam, war es höchste Zeit fürs Mittagessen. Der Earl hatte sich wegen „dringender Geschäfte" entschuldigen lassen.

„Das war garantiert nur eine Ausrede", sagte Paulas Vater zu ihrer Mutter. „Er hatte einfach Angst vor deinen Fragen nach Geistern. – Bestimmt haben die Geister ihm verboten, mit dir über sie zu sprechen", fügte er grinsend hinzu, woraufhin Paulas Mutter ihn in die Seite boxte.

Paula stürzte ihren Tee hinunter und stand auf. „Darf ich gehen?"

„Na, du hast es aber eilig", sagte ihre Mutter. „Was hast du denn vor?"

Ach, ich muss noch meinen nächtlichen Spionageeinsatz vorbereiten – das sagte Paula natürlich nicht. Stattdessen behauptete sie: „Lesen. Ich hab da so ein spannendes Buch in der Bibliothek gefunden, das muss ich unbedingt weiterlesen."

Und bevor ihre Eltern sie fragen konnten, seit wann sie denn freiwillig englische Bücher las, war sie schon verschwunden.

Auf dem Flur lief sie beinahe in Meredith Baxter hinein.

„Not so fast!" Sie beugte sich zu Paula hinunter und raunte ihr ins Ohr: „The Honourable[1] Earl of Brightwood doesn't tolerate running in his castle. He's very sensitive to any kind of noise[2], you know." Sie kicherte. „For my twelfth birthday I had a party with boys and music and dancing for the first time[3] in my life. Can you guess[4] what the little Earl did? He brought ear plugs[5]!"

1 honourable: ehrenhaft 2 sensitive to noise: lärmempfindlich 3 for the first time: zum ersten Mal 4 to guess: vermuten, raten 5 ear plugs: Ohrenstöpsel

Exercise 17

Außenseiter. Eins der Wörter in jeder Reihe passt nicht zu den anderen. Findest du es?

1.	*guess*	*think*	*know*
2.	*husband*	*king*	*earl*
3.	*before*	*on*	*after*
4.	*first*	*two*	*twelfth*
5.	*why*	*the*	*an*

Paula und Jamies Mutter prusteten los. Sie lachten immer noch, als Mrs Carbini um die Ecke schaute und Meredith zu sich heran winkte.

„I have to go. The windows in the library[6] need mending[7].“ Meredith seufzte. „At least that's what Charles says although I checked them only a few days ago.“

„Could you take me to the library, then?“, fragte Paula. „I'd like to borrow[8] a book.“

Während es allmählich dunkel wurde, lag Paula auf ihrem Bett mit einer reichlich zerfledderten Taschenbuchausgabe von „Oliver Twist“ auf dem Bauch. Aber sie hatte dieselbe Seite nun schon zum zweiten Mal gelesen, ohne etwas mitzubekommen. Sie wollte endlich los! Doch immer, wenn sie die Tür öffnete, sah sie jemanden durch den Flur gehen oder hörte Schritte. Dabei war sie längst bereit: Sie hatte ihre dunkelblaue Jeans und das schwarze langärmelige T-Shirt an, um möglichst gut getarnt zu

6 library: Bücherei, Bibliothek 7 to mend: reparieren 8 to borrow: (aus)leihen

sein. Und sie wusste, wo sie mit ihrer Suche nach dem Vertrag beginnen würde: in der Bibliothek. Als sie sich dort das Buch ausgeliehen hatte, war ihr ein ausladender Schreibtisch aufgefallen. Paula hoffte, dass der Earl darin zumindest einen Teil seiner wichtigen Papiere aufbewahrte.

Als Paula zum x-ten Mal die Tür öffnete, blieb alles ruhig. Ihr Wecker zeigte bereits halb elf an, aber Paula war kein bisschen müde. Endlich konnte es losgehen!

Sie steckte ihre kleine Taschenlampe in eine Tasche ihrer Jeans und tastete in einer anderen nach Jamies Glücksbringer. In einer dritten steckten ein gefaltetes Blatt Papier und ein Bleistiftstummel, falls Paula sich Notizen machen musste. Sie holte tief Luft und trat auf den Flur hinaus.

24th August 1970

Dear diary,
Tomorrow is the day!!!!!!!!!!!!!

Liebes Tagebuch,
morgen ist es soweit!!!!!!!!!!!!!!

Schatten in der Nacht

Exercise 18

Falsche Freunde. Das englische Wort *art* sieht aus wie das deutsche Wort „Art“, bedeutet aber etwas ganz anderes, nämlich „Kunst“. Kannst du die folgenden „Falschen Freunde“ übersetzen?

1. *engaged* ________________ *engagiert* ________________
2. *still* ________________ *still* ________________
3. *handy* ________________ *Handy* ________________
4. *herd* ________________ *Herd* ________________
5. *sin* ________________ *Sinn* ________________

Nein, Paula glaubte nicht an Geister. Hatte sie noch nie. Dieses huschende Geräusch direkt vor ihr, das war bestimmt nur eine Maus. Der Luftzug da kam vermutlich durch eine Tür, die nicht ganz schloss. Und die alte goldglänzende Ritterrüstung dort in der Ecke hatte garantiert nicht gerade ihren Arm bewegt – das war nur ihr eigener Schatten gewesen. Trotzdem war sie erleichtert, als sie endlich die Tür zur Bibliothek erreichte. Sie stand einen Spalt offen. Paula drückte sie vorsichtig etwas weiter auf. Die Tür knarrte entsetzlich. Paula schlüpfte schnell hindurch, dann lauschte sie mit angehaltenem Atem. Doch alles blieb ruhig. Paula wartete noch einen Moment, um ganz sicher zu sein, dass niemand sie gehört hatte, dann knipste sie ihre Taschenlampe an.

Als sie am Nachmittag hier gewesen war, hatte sie sich nur schnell ein Buch geschnappt und war wieder verschwunden. Nun schlich sie langsam vorwärts, um keine Geräusche zu machen, und dabei leuchtete sie die Wände ringsum an.

Sie waren mit deckenhohen Regalen bedeckt, in denen unzählige Bücher standen. Dicke Taschenbücher neben dünnen ledergebundenen Bänden, schmale Novellen neben voluminösen Atlanten, reich bebilderte Reiseführer neben kostbar verzierten Erstausgaben. Die Bücherregale nahmen den gesamten Platz an den Wänden ein. Abgesehen von einer Stelle am Fenster, wo der Schreibtisch stand, und einem Stück Wand an einer Seite, an der eine Decke oder so etwas hing.

Paula wollte schon daran vorbeigehen, als die Decke plötzlich lautlos zu Boden glitt. Sie erschrak sich so sehr, dass sie beinahe schreiend aus dem Raum gerannt wäre. Aber dann riss sie sich zusammen und leuchtete mit ihrer Taschenlampe dorthin, wo die Decke gehangen hatte – auf ein riesiges Gemälde, das unter ihr verborgen gewesen war.

Es zeigte eine Frau. Sie trug kein altertümliches Gewand, wie Paula es in einem alten Schloss eigentlich erwartet hätte, sondern ein modernes schwarzes Kostüm. Es war ganz schlicht, aber an dieser Frau wirkte es sehr elegant. Die Frau war vielleicht vierzig oder fünfzig Jahre alt, und ihre grünen Augen schienen Paula direkt anzusehen. Dabei blickte die Frau nicht etwa ernst und würdig, nein, sie schien sich insgeheim über einen Witz zu amüsieren, den ihr der Maler vielleicht gerade erzählt hatte.

Paula war die Frau auf Anhieb sympathisch. Nicht nur ihr Lächeln war dafür verantwortlich, sondern auch, dass sie so gar nicht wie eine reiche Adlige aussah. Nur ein schlichtes Kostüm und kein Schmuck, bis auf einen großen Ring an ihrer rechten Hand.

Exercise 19

Buchstabensalat. In den folgenden englischen Wörtern zum Thema „Malerei" sind die Buchstaben völlig durcheinandergeraten. Kannst du sie wieder in die richtige Reihenfolge bringen?

1. *crupite* ____________________
2. *nipat* ____________________
3. *cruloo* ____________________
4. *soapcis* ____________________
5. *strita* ____________________

Paula trat näher an die Bild heran. Auf dem Ring war etwas eingraviert: ein großer, seltsamer Vogel, der eine Schlange in den Klauen hielt.

Neben dem Bild hing eine silberne Tafel. „Lady Amelia of Brightwood, 1996". Das war also Lady Amelia! Schade, dass Paula sie nicht mehr kennengelernt hatte. Wie war eine so nette Frau nur zu so einem grässlichen Sohn gekommen? Aber vielleicht hatte ihn auch erst der Tod seiner Mutter so verändert. Seine beiden Eltern waren kurz hintereinander gestorben, das war sicher schwer zu verkraften …

Paula riss sich von dem Bild los und schlich weiter zum Schreibtisch. Obenauf lagen keine Papiere, aber es gab ja die

Schubladen. Mal sehen. Paula zog an der obersten Schublade. Verschlossen. Die nächste: auch verschlossen. Und alle anderen ebenfalls.

Mist! Sie hatte gar nicht daran gedacht, dass es auch abschließbare Schubladen gab, wohl deshalb, weil sie selbst keine an ihrem Schreibtisch hatte. Aber in dieser Bibliothek liefen ja nicht nur Familienmitglieder herum, sondern auch Bedienstete und dazu noch die Feriengäste. Da war es nur logisch, dass der Earl seine Dokumente sicher wegschloss.

Was jetzt?

Paula suchte auf und unter dem Schreibtisch und sogar auf den angrenzenden Regalen nach einem Schlüssel. Vergeblich. Als sie mit den Fingern noch einmal die Schubladen entlangfuhr, um eine Lücke zu finden, in die sie hineingreifen konnte, stieß sie auf etwas, das sie zuvor übersehen hatte: Aus einer der unteren Schubladen ragte die Ecke eines Blatts Papier heraus.

Vorsichtig zog Paula daran. Und in diesem Moment raschelte etwas direkt vor dem Schreibtisch.

Erschrocken zuckte Paula zurück und riss dabei das Papier ab. Schnell steckte sie den Fetzen in ihre Hosentasche, dann krabbelte sie unter den Schreibtisch und zog den Ledersessel davor. Im nächsten Augenblick ging knarrend die Tür auf, es klickte, dann tauchte der gewaltige Kronleuchter die ganze Bibliothek in helles Licht.

2nd September 1970

Dear diary,
I am still in too much of a state[9] to write. I can't even think properly[10]. Let me just say this: I am not the girl I was before the festival.

Liebes Tagebuch,
ich bin immer noch zu verwirrt zum Schreiben. Ich kann noch nicht mal klar denken. Ich kann nur eins sagen: Ich bin nicht mehr das Mädchen, das ich vor dem Festival war.

9 to be in too much of a state to …: zu verwirrt/durcheinander sein um … 10 properly: richtig, ordentlich

Das Rascheln der Geister

Exercise 20

Wörtersuche. Findest du in diesem Kapitel die englischen Entsprechungen zu den folgenden deutschen Wörtern?

näher, Spannung, sich verstecken, Schritt, Glück, Geist

„O my!“, hauchte Jamie.

Paula und er saßen unter dem Kirschbaum im Vorgarten des Gartenhauses, neben sich im Gras Digger, und vertilgten die Schoko-Dattel-Muffins, die Meredith Baxter an diesem Morgen gebacken hatte. Aber während Paula sich genüsslich einen Muffin nach dem anderen in den Mund schob, hatte Jamie ganz vergessen zu essen.

„Come on, don't keep me on tenterhooks[1]!“, drängte er.

„Well, I tried to peek[2] from under the desk but wasn't able to see anything except[3] …“ Paula nahm einen weiteren Bissen, und Jamie stöhnte auf. „You are doing this on purpose[4], aren't you?“

„Sure.“ Paula lächelte. „It's a device[5] for prolonging[6] the suspense[7].“

Jamie schnaubte, und Paula fuhr fort.

„The only thing I saw was a pair of legs in grey trousers and a pair of brown plaid slippers[8]. It was the Earl.“

„What did he do?!“

1 to keep somebody on tenterhooks: jemanden auf die Folter spannen 2 to peek: (hervor)linsen 3 except: außer 4 to do something on purpose: etwas mit Absicht tun 5 device: Mittel 6 to prolong: verlängern 7 suspense: Spannung 8 plaid slippers: Hausschuhe

Exercise 21

Übersetzen. Kannst du die folgenden Sätze ins Englische übersetzen? Achte dabei besonders auf die Umschreibung mit *to do*!

1. *Was hat er getan?*

____

2. *Wann sind sie angekommen?*

____

3. *Wie geht es Ihnen?*

____

„He just stood there for a while, then he approached[9] the desk. Step by step by step …"

Jamie stöhnte so laut, dass Digger zu bellen begann.

Paula grinste. „I crouched into a tiny ball[10], but I knew that I wouldn't be able to hide from him[11] if he went round the desk. He came closer and closer. Maybe I should have pretended[12] to have fallen asleep[13] while reading in the library? But there was no book within reach[14].

The Earl reached the desk and turned to the right. Three more steps and I would have been doomed[15] …"

Paula sah ihre beiden Zuhörer an. Jamie und Digger schienen beide den Atem anzuhalten.

„And then there was a sound[16]. A very small sound indeed, but it was enough to stop the Earl. A kind of rustling[17] which I had heard before, and it came from somewhere near the door.

9 to approach: sich nähern 10 to crouch into a tiny ball: sich ganz klein zusammenkauern 11 to hide from someone: sich vor jemandem verstecken 12 to pretend: vorgeben 13 to fall asleep: einschlafen 14 within reach: in Reichweite 15 doomed: verdammt, verloren 16 sound: Geräusch, Ton 17 rustling: Rascheln

The Earl turned around and went back. He looked around (at least that's what I think, I still couldn't see anything but[18] his legs) but he didn't seem to see anything or anyone. Then he switched off[19] the light, closed the door, and off he went."

Paula schnappte sich den nächsten Muffin. „Well, I was really lucky, I would say."

Digger schüttelte den Kopf, und Jamie sagte: „That wasn't luck. Someone helped you to get rid of the Earl." Er biss in seinen Muffin.

Paula sah ihn verdutzt an. „You mean, you were there and intervened[20]?"

Jamie musste lachen. „Not me!", rief er. „It was a ghost that helped you, of course!"

18 but: *hier*: außer 19 to switch off: ausschalten 20 to intervene: eingreifen

6th September 1970

Dear diary,
It was brilliant[21], fantastic, great, terrific[22], wonderful, incredible! The music, the atmosphere, all those young people, dancing, laughing, enjoying themselves. I never thought I could have so much fun!

I was so excited about, well, everything that I did something completely unfathomable[23]. I haven't even told Marie, who was somewhere else that night when I met him. Will.

And I daren't confess[24] to you, my dear diary, either.

Liebes Tagebuch,
Es war großartig, fantastisch, super, toll, wundervoll, unglaublich! Die Musik, die Atmosphäre, all diese jungen Leute, die tanzten, lachten und sich amüsierten. Ich hätte nie gedacht, dass ich so viel Spaß haben könnte!

Ich war so aufgeregt über, nun ja, alles, dass ich etwas völlig Unfassbares getan habe. Ich habe es noch nicht einmal Marie erzählt, die an dem Abend gerade irgendwo anders war, als ich ihn traf. Will.

Ich traue mich noch nicht einmal, dir das zu beichten, mein liebes Tagebuch.

21 brilliant: phantastisch, großartig 22 terrific: toll, großartig 23 unfathomable: unfassbar 24 to confess: beichten, gestehen

Der Brief

Paula streichelte Digger und verdrehte dabei die Augen. „You and your ghosts!“

„But can't you see? They made a sound to warn you.“

„Jamie!“, sagte Paula streng. „There are no ghosts at Brightwood Castle or anywhere else! It surely must have been a mouse or perhaps only a creaky[1] floorboard[2].“

Exercise 22

Past tense. **Setze die folgenden Sätze ins Past Tense. Zum Beispiel:** ***He goes to the library.*** **→** ***He went to the library.***

1. *It is a creaky floorboard.*

   ____

2. *When he reaches the desk, there is a mysterious sound.*

   ____

3. *Paula tries to peek from under the desk.*

   ____

„The ghosts helped you“, beharrte Jamie. Offenbar hatte es keinen Sinn, mit ihm darüber zu streiten. Außerdem gab es ja noch etwas, worüber Paula mit ihm sprechen wollte.

Sie zog den Fetzen Papier hervor, der aus der Schublade geragt hatte, und strich ihn glatt. Die beiden beugten sich über

1 creaky: knarrend, knirschend 2 floorboard: Holzdiele

das Blatt und versuchten im schwachen Licht, das durch die dichten Regenwolken fiel, zu erkennen, was Paula da gefunden hatte.

Viel war es nicht. Auf dem Papier war ein Stück einer roten Bordüre zu sehen, die wahrscheinlich das gesamte Blatt umrahmt hatte. Und dann war da noch etwas, das wie ein Teil eines Tierbeins aussah. Ein Löwe vielleicht, oder ein Pferd?

„Somehow this looks familiar“, sagte Jamie schließlich. Auch Paula erinnerte es an etwas. Aber woran, das wollte ihr beim besten Willen nicht einfallen.

„Anyway“, sagte Jamie schließlich resigniert, „I don't see how this piece of paper could help us. I mean, even if it were a part of an employment contract we wouldn't know it.“

„You're right“, sagte Paula. „I think we should ask your mum about it after all.“

„Morning, Jamie“, hörten sie in diesem Moment eine Stimme. „Why are you scowling[3] on a beautiful albeit[4] cloudy[5] morning like this?“

„Morning, Mr Wiggins“, begrüßte Jamie den Postboten, und Digger sprang begeistert bellend an ihm hoch.

„I thought that dogs didn't like postmen[6]“, sagte Paula, und der Postbote lachte. Das lockte Meredith Baxter aus dem Haus.

„Mrs Baxter, here's a letter for you.“ Er betrachtete kopfschüttelnd den Absender. „You would think that the Earl wouldn't call upon[7] the Royal Mail to tell you something. But then again, who knows what goes on in the mind of these aristocrats[8].“ Damit verabschiedete er sich.

Meredith hatte den Briefumschlag bereits aufgerissen und studierte stirnrunzelnd den Brief. Als sie ausgelesen hatte, faltete sie ihn sorgfältig wieder zusammen. Aber Paula entging nicht, dass ihre Hände zitterten. Dann sah Meredith auf, räusperte sich

3 to scowl: finster dreinblicken 4 albeit: wenngleich, wenn auch 5 cloudy: bewölkt 6 postman: Postbote 7 to call upon: in Anspruch nehmen 8 aristocrat: Adlige/r

und sagte mit einem bemühten Lächeln: „Well, Jamie, I think it's time for a change. I have worked for Charles for too long already, so I'm going to look for a new job now."

Exercise 23

Hauptsache Hauptwort! Bilde Nomen zu den folgenden Wörtern. Zum Beispiel: *meet – meeting*. Oft kann man übrigens mehrere Nomen aus einem Wort ableiten!

1. *call* ____________________
2. *mean* ____________________
3. *help* ____________________
4. *build* ____________________
5. *different* ____________________

Paula stand da wie versteinert, während Jamie zu seiner Mutter lief.

Sie nahm ihn fest in die Arme. „Everything will turn out all right[9]", flüsterte sie. „We have four weeks, and I'll find a new job in no time[10], you'll see. And a new place to live."

9 everything will turn out all right: alles wird gut 10 in no time: in null Komma nichts

23rd September 1970

Dear diary,
I have to tell someone or I will explode! There is no use in[11] keeping secret something that has changed my life completely and will become evident[12] before too long.

I am pregnant[13].

Oh Lord, what am I going to do????

Liebes Tagebuch,
ich muss es jemandem erzählen, oder ich explodiere! Es hat keinen Sinn, etwas zu verheimlichen, das mein Leben vollkommen verwandelt hat und bald offensichtlich sein wird.

Ich bin schwanger.

O Gott, was soll ich nur tun????

11 there is no use in …: es hat keinen Sinn, zu … 12 evident: offensichtlich, sichtbar 13 pregnant: schwanger

Das Wappen

Exercise 24

Meins! Setze die richtigen Possessivpronomen ein: ***my, their, his, its.*** **Zum Beispiel:** ***She has lost _________ pencil. → She has lost her pencil.***

1. *When she told me about Susan's accident, I cried _________ heart out*[1].
2. *The gardener has wrecked*[2] *_________ lawnmower*[3].
3. *The dog plays with _________ tail.*
4. *They should keep _________ mouths shut!*

„We have to do something", hatte Jamie Paula zugeraunt, bevor sie im beginnenden Regen zum Schloss zurückgelaufen war. Und genau das hatte Paula vor. Sie würde nicht zulassen, dass der widerliche Earl mit seiner Kündigung durchkam! Auch wenn es tatsächlich keinen schriftlichen Arbeitsvertrag gab, wie Jamies Mutter ihnen eben noch bestätigt hatte, so brauchte er doch sicher einen guten Grund, um eine langjährige Mitarbeiterin einfach so hinauszuwerfen!

Paula war fest entschlossen, etwas zu finden, um Merediths Entlassung doch noch zu verhindern. Und mit der seltsamen Zeichnung auf dem abgerissenen Stück Papier würde sie anfangen. Vielleicht führte das zu nichts, aber irgendetwas musste sie einfach tun, während Jamie und seine Mutter unterwegs waren,

1 to cry one's heart out: zum Steinerweichen weinen 2 to wreck: zerstören, demolieren 3 lawnmower: Rasenmäher

um eine neue Wohnung zu suchen – sonst wurde sie noch verrückt!

Paula vermutete, dass die rote Bordüre und das Tierbein Teil eines Wappens waren. Sie ging noch einmal in die Bibliothek und begann, die besonders alt aussehenden Bücher eins nach dem anderen aufzuschlagen.

Nach einer Weile klarte es draußen auf, und die Sonne schien auf die Unmengen von Büchern, die Paula noch vor sich hatte. Glücklicherweise kam kurz darauf Mrs Carbini herein und brachte ihr einen Kakao und einen Teller mit Karamellkeksen. Als sie hinausging, hielt die Köchin noch einmal inne.

„I'm appalled[4] and angry at the Earl's behaviour." Sie kniff wütend das Gesicht zusammen, bis es nur noch aus Falten zu bestehen schien, und zerrte an ihrer weißen Schürze, als wollte sie sie für die Missetaten des Earls bestrafen. „If you happen to[5] see Meredith before I do please tell her that I will do everything I can to help her. – Everything, no matter what it is!", bekräftigte sie.

„Thank you", sagte Paula, die einen Kloß im Hals hatte.

Mrs Carbini nickte grimmig, dann rauschte sie zur Tür hinaus.

Paula wandte sich wieder den Büchern zu. Es waren so viele! Wie sollte sie hier jemals etwas finden? Sie schlug wahllos einen mittelalterlichen Roman auf, dann die Biographie eines alten Kaisers – und da sprang es ihr in die Augen: die rote Bordüre und darin eingerahmt ein Bild …

Sie hatte doch gewusst, dass sie es schon einmal gesehen hatte! Sie war nur nicht darauf gekommen, weil das Tierbein auf dem abgerissenen Zettel sie in die Irre geführt hatte. Denn es gehörte keinem Löwen, auch keinem Pferd, sondern einem mächtigen Mischwesen. Kopf und Vorderbeine waren die eines

4 appalled: entsetzt, erschrocken 5 if you happen to …: falls du zufällig

Vogels, aber der Körper und die Hinterbeine sahen wie die eines Löwen aus. Und das seltsame Tier hielt eine Schlange in seinen Klauen.

Exercise 25

Paare finden. Kannst du die deutschen Wörter ihren englischen Entsprechungen zuordnen? Zum Beispiel: *Garten – garden.*

appalled	*vertraut*
happen	*Bild*
familiar	*Schürze*
picture	*passieren*
wrinkles	*entsetzt*
apron	*Falten*

Mit dem Buch in der Hand lief Paula zur Wand, lugte unter die Decke über dem Gemälde und nahm Lady Amelias Ring unter die Lupe. Ja, tatsächlich: Das Bild auf ihrem Ring sah genauso aus wie das im Buch. Aber was bedeutete es?

Paula überlegte kurz, dann lief sie mit dem Buch in die Küche.

„Mrs Carbini, does this look familiar to you?“

Die hagere Köchin warf nur einen kurzen Blick auf das Bild, bevor sie sich wieder dem Kneten ihres Brotteigs widmete.

„Yes, it does. It's the Crabingstones' coat of arms[6]. Lady Amelia's mother was the Countess of Crabingstone.“

Das war ja schon mal interessant! In der Schublade lag also ein

6 coat of arms: Wappen

Dokument, das mit großer Wahrscheinlichkeit von Lady Amelia verfasst worden war. Wer sonst in Brightwood Castle hätte Briefpapier mit einem Wappen der Crabingstones benutzen sollen?

„Do you also know what kind of bird this is?“

Mrs Carbini sah auf und lächelte. „It is not a bird but a gryphon[7]“, erklärte sie. „A mythical creature[8]. The ancient Egyptians[9] …“

Exercise 26

its **oder** ***it's*****? Setze die richtige Form in die Lücken ein.**

1. *The gryphon wags[10] __________ tail.*
2. *__________ raining outside.*
3. *I think, __________ not a good idea to tease the teacher.*
4. *__________ ten past three in the morning.*
5. *__________ never too late!*
6. *This street is famous for __________ fountains.*

„Thank you so much, Mrs Carbini“, sagte Paula und rannte zur Küchentür hinaus. Hoffentlich war Jamie schon zurück, damit sie ihm von ihrer Entdeckung erzählen konnte!

7 gryphon: Greif 8 mythical creature: Fabelwesen 9 the ancient Egyptians: die alten Ägypter 10 to wag: wedeln

25th September 1970

Dear diary,
I told the only person who wouldn't condemn[11] me. Marie remained[12] silent[13] for a while. Then she took me in her arms and I began to cry my heart out. I wept and wept for what felt like hours. Marie promised[14] to help me. Although neither of us has any idea how I can be helped at all.

Liebes Tagebuch,
ich habe es der einzigen Person erzählt, die mich nicht verurteilen würde. Marie sagte eine Weile nichts. Dann nahm sie mich in die Arme, und ich begann, mir die Augen auszuweinen. Ich weinte und weinte, es fühlte sich an, als würde es Stunden dauern. Marie hat versprochen, mir zu helfen. Obwohl keine von uns irgendeine Idee hat, wie mir überhaupt geholfen werden kann.

11 to condemn: verurteilen 12 to remain: bleiben 13 silent: still, schweigend 14 to promise: versprechen

Der Ring

Exercise 27

Nomen finden. Unterstreiche alle englischen Nomen auf dieser Seite.

Jamie und Meredith waren tatsächlich schon zurück, aber sie hatten keine guten Neuigkeiten. Einen Job zu finden, das würde offenbar nicht leicht werden. Und eine bezahlbare Wohnung gab es zumindest in der näheren Umgebung auch nicht.

„Perhaps we'll have to move further away“, sagte Meredith.

„No way!“, rief Jamie so heftig, dass Paula erschrak.

„I know that you love the forest and …“, sagte Meredith.

„It's our home!“, schrie Jamie. Er war völlig außer sich und hatte Tränen in den Augen. Seine Mutter sah ihn hilflos an. Paula beschloss, die beiden abzulenken.

„Guess what I found in the library!“ Sie zog das Buch aus der Tasche, das sie sich kurzerhand ausgeliehen hatte, und zeigte den beiden das Wappen. Meredith wusste natürlich nichts von Paulas nächtlichem Ausflug in die Bibliothek oder von dem Zettel, der aus dem Schreibtisch geragt hatte. Aber Paula wollte auch nichts verraten.

„This is the coat of arms we saw, Jamie“, sagte sie und zwinkerte ihm zu.

„Oh, yes, I remember it now“, sagte Jamie.

„And now I know whose coat of arms it is“, sagte Paula triumphierend.

Meredith lächelte. „You're quite a smart[1] private eye[2], Paula. But I hope you weren't forced to break the law[3] looking for[4] evidence[5]?" Sie lachte, und nach einer Schrecksekunde fiel Paula ein.

EXERCISE 28

Falsh geschriben. In jedem der folgenden Sätze sind zwei Rechtschreibfehler versteckt. Findest du sie? Unterstreiche sie, und schreibe die entsprechenden Wörter noch einmal richtig auf.

1. *Thiss is the coat off arms we saw.*

   ____

2. *Lady Amelias mother was the Cauntess of Crabingstone.*

   ____

3. *This is note a baird but a gryphon.*

   ____

„Because you just could have asked me about the coat of arms", fügte Jamies Mutter hinzu. „Wait a moment …"

Sie öffnete einen Schrank und kramte darin herum, während Paula Jamie einen fragenden Blick zuwarf. Doch der zuckte nur die Achseln.

„Here it is!", rief seine Mutter plötzlich und tauchte mit einer großen Hutschachtel aus dem Schrank wieder auf, die sie auf den Küchentisch stellte. Sie stöberte darin herum, dann zog sie etwas heraus.

„But … but …", stotterte Paula, „that is Lady Amelia's ring!"

1 smart: klug 2 private eye: Privatdetektiv 3 to break the law: das Gesetz brechen 4 to look for: suchen nach 5 evidence: Beweise

Ein schmerzliches Lächeln erschien auf Merediths Gesicht.

„That's right. She gave it to me a few days before she died."

„It looks quite valuable[6]", sagte Paula aufgeregt. „Maybe you could sell[7] it and pay the rent for your cottage with the money?"

Meredith umklammerte den Ring und schüttelte den Kopf. „I could never sell it! Lady Amelia's mother gave it to her when she turned twenty-one, and Lady Amelia said that I was like a daughter to her and therefore …"

Sie konnte nicht weitersprechen, und Paula tat es leid, dass sie Jamies Mutter noch mehr Kummer bereitet hatte, als sie sowieso schon ertragen musste.

Meredith riss ein Stück Papier von einer Küchenrolle ab und putzte sich die Nase.

„But you shouldn't spend all day in dusty[8] libraries or messy[9] kitchens. Go out and play!" Mit einer energischen Handbewegung scheuchte sie die beiden nach draußen.

Exercise 29

Adjektive bilden. Kannst du aus den folgenden Nomen Adjektive machen? Zum Beispiel: *adventure* – *adventurous*.

1. *mess* ________________
2. *use* ________________
3. *friend* ________________
4. *nation* ________________
5. *cream* ________________

6 valuable: wertvoll 7 to sell: verkaufen 8 dusty: staubig 9 messy: unaufgeräumt

Zusammen mit Digger waren sie schon tief in den Wald vorgedrungen, als sie zwei Rehe entdecken. Die machten sich allerdings eilig aus dem Staub, als Jamie gegen einen Baumstumpf trat.

„It's so unfair! – All of this", er machte eine Geste, die die ganze Welt zu umfassen schien, „all of this belongs to him. He's so rich that he couldn't even dream of spending all his money in a lifetime! And we're going to lose everything!"

Paula sagte nichts, Jamie hatte ja recht. Es war unfair. Und es war … falsch!

„Jamie!", rief sie. „You're right!"

„Of course I am!", brummte er. „But why the hell[10] are you jumping up and down like a kangaroo[11]?"

„Because it's all wrong! It makes no sense!"

Jamie musterte sie skeptisch und auch Digger sah sie erstaunt an. „What is it that doesn't make sense?"

„Jamie, the Earl … your mother … the ring …" Paula war so aufgeregt, das ihr die englischen Wörter ganz durcheinandergerieten. Aber dann schaffte sie es doch.

„Lady Amelia gave that ring to your mother because she was very fond of her[12], just if she were her daughter. Perhaps she even knew that her son was jealous[13]. Isn't it strange then that she didn't bequeath[14] her anything?"

10 why the hell: warum zum Teufel 11 kangaroo: Känguru 12 to be fond of someone: jemanden gern haben 13 jealous: neidisch 14 to bequeath: vererben

28th September 1970

Dear diary,
Marie suggested[15] I should ask Will to marry me. But I don't even know his surname[16], which means I can't tell him he's going to be a father by next June. And to be honest[17], I don't know the boy at all. It was just a spur of the moment[18] thing and I have no idea whether we would be a good match[19].

Liebes Tagebuch,
Marie hat vorgeschlagen, dass ich Will bitte, mich zu heiraten. Aber ich kenne noch nicht einmal seinen Nachnamen, was bedeutet, ich kann ihm nicht einmal sagen, dass er nächsten Juni Vater wird. Und um ehrlich zu sein, kenne ich den Jungen überhaupt nicht. Es ist nur aus einer Laune passiert, und ich habe keine Ahnung, ob wir überhaupt zusammenpassen.

15 to suggest: vorschlagen, nahelegen 16 surname: Nachname 17 honest: ehrlich 18 spur of the moment: spontan, urplötzlich 19 to be a good match: gut zusammenpassen

Der Einbruch

Exercise 30

Mehr als eins. Bilde den Plural zu den folgenden Wörtern. Zum Beispiel: ***wife – wives.***

1. *child* ____________________
2. *baby* ____________________
3. *head* ____________________
4. *potato* ____________________
5. *thief* ____________________

Jamie schüttelte den Kopf.

„Lady Amelia didn't leave a last will[1]", sagte er. „I remember that after she died everyone in the castle looked for one, but they didn't find one."

Das war ein Rückschlag, aber davon ließ Paula sich nicht unterkriegen. Es konnte doch nicht sein, dass Lady Amelia nichts für die Baxters verfügt hatte! Sicher, sie war noch nicht sehr alt gewesen, als sie gestorben war – aber diese Adligen machten doch ganz bestimmt frühzeitig ihr Testament, wo sie so viel zu vererben hatten …

„I've got it!", rief Paula und scheuchte dadurch einen Vogel über ihnen auf, der laut schimpfend davonflog. „The Earl must have hidden[2] the will!"

1 last will: Testament 2 to hide: *hier*: beiseite schaffen, unterschlagen

„Well … I think that could be possible“, überlegte Jamie laut. „If she didn't have it notarised[3] but kept it in her desk drawer[4] …“

„… then the Earl must have found it and, I don't know, burned it or something …“ Paula verstummte. Wenn der Earl das Testament wirklich beseitigt hatte, dann half ihnen das nicht weiter. Dann war es genauso, als hätte Lady Amelia nie ein Testament gemacht.

„No“, sagte Jamie im Brustton der Überzeugung. „The Earl is way too[5] stuck up[6]. He believes that nobody could hold a candle to him[7]. If he's removed the will“, Jamie grinste, „he wouldn't have burned it but surely kept it somewhere where no one would find it. His study[8] would be a good place to start searching for it, I think.“

Er nahm Paula an der Hand und zog sie mit sich, zurück in Richtung Schloss.

„But you shouldn't …“, begann Paula, aber Jamie unterbrach sie.

„You won't go without me. Not this time“, sagte er bestimmt.

„All right, we'll go together“, sagte Paula, und Jamie nickte grimmig.

Paula betrachtete ihn von der Seite, während sie in der Abenddämmerung Hand in Hand auf das Schloss zu liefen. Es stimmte. Jamie konnte ruhig mitkommen, wenn sie in das Arbeitszimmer des Earls einbrach. Schließlich wollte der Earl Jamie sein Zuhause wegnehmen. Selbst wenn er sie erwischte: Jamie hatte wirklich nichts mehr zu verlieren.

Paula gähnte, als sie um elf Uhr nachts die Treppe zum zweiten Stock hinaufschlich. Jetzt war sie schon wieder des Nachts unterwegs, um zu spionieren. Das wurde allmählich zur Gewohnheit.

3 notarised: beglaubigt 4 desk drawer: Schreibtischschublade 5 way too: viel zu 6 stuck up: eingebildet, hochnäsig 7 not be able to hold a candle to someone: jemandem nicht das Wasser reichen können 8 study: Arbeitszimmer

Exercise 31

Contracted forms. Schreibe die folgenden zusammengezogenen Formen jeweils als zwei getrennte Wörter. Zum Beispiel: *I'm* → *I am*. Achtung: Manchmal gibt es mehrere Möglichkeiten!

1. *we'll* ____________________
2. *he's* ____________________
3. *don't* ____________________
4. *you're* ____________________
5. *haven't* ____________________

Jamie erwartete sie schon am oberen Ende der Treppe und führte sie zum Arbeitszimmer des Earls. Dort wollten sie suchen, denn vermutlich bewahrte der Earl alle wichtigen Dokumente dort auf. Hoffentlich hatte er keinen Safe. Dann würden sie nicht viel ausrichten können.

Aber so weit kamen sie erst gar nicht. Jamie drückte die Klinke zum Arbeitszimmer herunter, doch die Tür bewegte sich nicht. Auch nicht, als sie es mit vereinten Kräften versuchten. Mist!

„I'm not giving up that easily", flüsterte Jamie. „Maybe the key is somewhere near."

Sie tasteten den Türrahmen ab. Jamie hob Paula sogar mit einer Räuberleiter hoch, damit sie oben auf dem Türschlag nachschauen konnte. Aber der Schlüssel war nicht dort, und auch nicht in der Schublade des zierlichen Holztischchens, das gleich daneben auf dem Flur stand.

Paula wollte in ihrer Verzweiflung gerade vorschlagen, dass sie sich in das Schlafzimmer des Earls schlichen, um dort nach dem Schlüssel zu suchen, als etwas Seltsames geschah: Wie aus heiterem Himmel stolperte Jamie, fiel gegen das Holztischchen und brachte dabei eine Vase mit Strohblumen ins Wanken. Er stieß einen erschrockenen Schrei aus. Paula griff geistesgegenwärtig nach der Vase und fing sie im letzten Moment noch auf.

Als sie sie zurückstellen wollte, entdeckte sie den Schlüssel. Er hatte unter der Vase gelegen! Sofort probierten sie ihn aus, und tatsächlich: Er passte.

„We're so lucky", sagte Paula, als sie die Tür hinter sich geschlossen hatten. „If you hadn't stumbled[9] …"

„It wasn't me." Jamie sah sie verwirrt an. „I was pushed[10]."

„Don't look at me!", protestierte Paula. „I was miles away from you and didn't even touch you!"

Exercise 32

Satzsalat. Die Wörter in den folgenden Sätzen sind völlig durcheinandergeraten. Kannst du sie wieder in die richtige Reihenfolge bringen?

1. *look me don't at*

   ____

2. *died weeks Amelia ago a Lady few*

   ____

3. *but bird a not is gryphon it a*

   ____

9 to stumble: stolpern 10 to be pushed: geschubst werden

Jamie runzelte die Stirn, aber dann lächelte er plötzlich. „Of course it wasn't you!", sagte er. „I should have realised it right away, it must have been a ghost. And do you know what? I'm convinced now that it is Lady Amelia's ghost who wants to help us. Maybe there is a dark secret for us to uncover[11] ..."

„Oh, please!", stöhnte Paula. „Not those ghost stories again!"

Jamie öffnete den Mund, aber dann schüttelte er nur den Kopf.

Schweigend begannen sie, sich umzusehen.

Auf dem Schreibtisch lagen zwei säuberliche Stapel mit Dokumenten. Jeder nahm sich einen vor und blätterte ihn durch.

Rechnungen, Schreiben von Ämtern, Bittgesuche, Einladungen zu Pferderennen und Sommerbällen ...

Als Paula gerade eine Handwerkerrechnung aussortierte, bekam sie einen Stoß von der Seite. Das Blatt glitt ihr aus der Hand und fiel neben den Schreibtisch.

„Sorry", sagte Jamie.

„Was that really you?" Paula bückte sich zu dem Papierkorb hinunter, in den die Rechnung gefallen war. „Or was it a ghost who wanted me to exercise[12] a bit?"

„Very funny", brummelte Jamie. „But be it a ghost or not, I think it would be quite a good idea to search[13] the waste paper basket[14]."

Da hatte Jamie recht. Der Papierkorb war randvoll. Vielleicht fanden sie darin tatsächlich etwas, das der Earl loswerden wollte und das ihnen helfen konnte?

Paula schüttete den Inhalt des Papierkorbs auf den orientalischen Läufer neben dem Schreibtisch.

Der Earl war entweder sehr jähzornig (was Paula nicht gewundert hätte) oder einfach sehr gründlich, wenn er etwas erledigte. Jedenfalls war kein einziges Dokument in einem Stück

11 to uncover: aufdecken 12 to exercise: (sportlich) trainieren 13 to search: (durch)suchen 14 waste paper basket: Papierkorb

im Papierkorb gelandet. Stattdessen hatte er alles in kleine Fetzen gerissen.

Paula seufzte. Das würde eine Heidenarbeit werden.

Die große Standuhr im Foyer des Schlosses schlug schon zwölf, und die beiden hatten noch jede Menge Papierfetzen zuzuordnen. Bisher war nichts Vielversprechendes darunter, abgesehen von zwei Teilen, die zu einer Urkunde zu gehören schienen. Auf einem Teil war ein Stück eines aufgeklebten Siegels zu erkennen, das andere nahm Jamie gerade in Augenschein – als ein lautes Knarren die beiden aufsehen ließ.

„I knew it!!! You devious[15] thieves!"

Exercise 33

Wahr oder falsch? Eine der folgenden Aussagen ist falsch. Findest du heraus, welche?

1. *Lady Amelia gave her ring to Meredith Baxter.*
2. *Paula and Jamie are searching the Earl's study.*
3. *Engraved[16] on Lady Amelia's ring is a lion.*
4. *The Earl doesn't tolerate running in his castle.*

15 devious: hinterhältig, verschlagen 16 engraved: eingraviert, eingeprägt

8th October 1970

Dear diary,
I am so confused, I don't know whether I'm coming or going[17]. When I went to Brightwood Castle for my 21st birthday I was afraid everyone would immediately[18] realise I was pregnant. But everything went smoothly[19]. Although I don't know what to do about the baby yet, I'm not going to tell Mum or Dad. It was a visit like any other visit before – until that night when Mum and Dad invited Lord and Lady Hemisdale and their son James to my birthday dinner.

I had not seen James since we were little children. I didn't even remember him. And now I can't get him out of my head …

Liebes Tagebuch,
ich bin so verwirrt, ich weiß nicht, wo mir der Kopf steht. Als ich am meinem 21. Geburtstag nach Brightwood Castle fuhr, hatte ich Angst, dass mir jeder sofort ansehen würde, dass ich schwanger bin. Aber alles ging glatt. Obwohl ich noch nicht weiß, was ich wegen des Babys tun soll, werde ich es Mum oder Dad nicht erzählen. Es war ein Besuch wie jeder andere Besuch zuvor – bis zu dem Abend, als Mum und Dad Lord und Lady Hemisdale und ihren Sohn James zu meinem Geburtstagsessen einluden.

Ich hatte James nicht mehr gesehen, seit wir Kinder waren. Ich erinnerte mich noch nicht mal an ihn. Und nun kriege ich ihn nicht mehr aus dem Kopf …

17 I don't know whether I'm coming or going: ich weiß nicht, wo mir der Kopf steht 18 immediately: sofort 19 smoothly: glatt, reibungslos

Es kann immer noch schlimmer kommen ...

In einem Morgenmantel aus Seide und seinen braunkarierten Pantoffeln baute sich der Earl vor ihnen auf. Und er tobte!

Jamie stand da wie eine Statue, aber Paula war geistesgegenwärtig genug, die Teile der Urkunde, die sie gefunden hatten, blitzschnell in ihre Tasche zu stecken.

„I never trusted[1] you, you or your fine mother!", schrie der Earl. Mit zwei großen Schritten war er bei Jamie und packte den immer noch wie erstarrt dastehenden Jungen am Arm. „I can't wait to hear what she has to say to her son becoming a criminal. But probably[2] she instructed[3] you to break in and steal what you could find, didn't she?"

„Mum has nothing to do with this!", rief Jamie empört. Doch der Earl schnaubte nur und zog ihn hinter sich her. Paula folgte den beiden, hinab und durchs Foyer, aus der Haustür, durch den nächtlichen Park, der nur von dem Schein einiger altertümlich geschwungener Straßenlaternen beleuchtet wurde, bis zum Gartenhaus. Dort brannte noch Licht, obwohl es schon so spät war, fiel Paula auf. Warum war Jamies Mutter wohl immer noch wach?

Der Earl pochte herrisch an die Haustür, immer wieder, bis Meredith Baxter öffnete. Sie blickte die drei erschrocken an.

„What happened? Are you all right, Jamie? And Paula?"

Der Earl lachte freudlos auf und drängte sich an Meredith vorbei ins Haus. „Oh yes, he's absolutely fine, your rotten[4] son! It's just that he decided to break into my room tonight. Was that your idea, Meredith?"

1 to trust someone: jemandem (ver)trauen 2 probably: wahrscheinlich 3 to instruct someone to do something: jemanden mit etwas beauftragen 4 rotten: verdorben

Exercise 34

Außenseiter. Eins der Wörter in jeder Reihe passt nicht zu den anderen. Findest du es?

1.	*thief*	*dark*	*steal*
2.	*nothing*	*at*	*above*
3.	*great*	*big*	*thirsty*
4.	*probably*	*likely*	*hardly*
5.	*hot*	*sweet*	*sour*

Jamies Mutter schnappte nach Luft.

„You can't possibly mean that[5]!", rief sie. „Jamie would never ..."

Doch der Earl hörte nicht zu. Er stürmte ins Wohnzimmer, gefolgt von Meredith, Jamie und Paula.

„I'm not willing to take your and your son's infamies[6] any longer."

Überall standen Kisten und Schachteln herum. Ob Meredith bereits für den Umzug packte? Paula musste das verhindern! Aber so wie es jetzt aussah, hatte sie alles nur noch schlimmer gemacht mit ihrem Einbruch ...

Jamies Mutter ging auf den Earl zu und hob beschwichtigend die Hände.

„Please, Charles, calm down[7] and tell me what's happened. I can't believe that Jamie ..."

Der Earl packte sie rüde am Arm und starrte auf ihre Hand. Dann stieß er hervor:

5 you cannot mean that!: das kannst du doch nicht ernst meinen! 6 infamies: Unverschämtheiten 7 to calm down: sich beruhigen

„This is my mother's ring. How dare you …"

„Charles, for heaven's sake[8]! Your mother gave it to me as a gift[9]. You are not implying[10] that I stole it, are you?"

Exercise 35

Gegensätze ziehen sich an! Findest du die Gegensatzpaare in den folgenden beiden Wortlisten?
Zum Beispiel: ***search – find.***

1. *above – forbid – man – little – off – host – full – lovely*
2. *guest – terrible – much – allow – hungry – on – below – woman*

Aber der Earl lachte nur, laut und gehässig. „Like mother, like son.[11] But the good days of being Mum's darling are over now." Grob zog er Jamies Mutter Lady Amelias Ring vom Finger. „And if you haven't left my property[12] by tomorrow night I'll go straight[13] to the police and report you[14]!"

Er lief durch die Diele zur Haustür. Als er draußen war, drehte er sich noch einmal zu Paula und den Baxters um.

„I promise you …" Aber was immer er ihnen noch androhen wollte, sie hörten es nicht mehr, weil ihm in diesem Moment ein Windstoß die Tür vor der Nase zuschlug.

Eine Weile lang sagte niemand etwas. Dann legte Meredith Jamie und Paula ihre Arme um die Schultern und musterte sie ernst.

„Now would the two of you please tell me what all this means?"

8 for heaven's sake: um Himmels willen 9 gift: Geschenk 10 to imply: andeuten, unterstellen 11 like mother, like son: wie die Mutter, so der Sohn 12 property: Eigentum 13 straight: direkt 14 to report someone (to the police): jemanden anzeigen

13th October 1970

Dear diary,
Today James called. He will be coming to London next week and he wants to see me! I am in two minds about[15] the whole situation. One minute I can't wait to see him again and the next I remember I am pregnant with another man's baby. Then I know we will never be together.

Marie says I have to make a decision. And she is absolutely right. But I can't keep the baby, nor[16] can I . . . I cannot even think it.

Liebes Tagebuch,
heute hat James angerufen. Er wird nächste Woche nach London kommen, und er will mich sehen! Ich bin hin- und hergerissen. In der einen Minute kann ich es nicht abwarten, ihn zu sehen, und in der nächsten fällt mir wieder ein, dass ich von einem anderen Mann schwanger bin. Dann weiß ich, dass wir nie zusammen sein können.

Marie sagt, dass ich eine Entscheidung treffen muss. Und sie hat völlig recht. Aber ich kann das Baby weder behalten, noch kann ich … ich kann noch nicht mal daran denken.

15 to be of two minds about something: hin- und hergerissen sein 16 neither – nor: weder – noch

Die falsche Mutter

Exercise 36

Falsche Freunde. Das englische Wort *art* sieht aus wie das deutsche Wort „Art", bedeutet aber etwas ganz anderes, nämlich „Kunst". Kannst du die folgenden „Falschen Freunde" übersetzen?

1. *all day*	____________	*alle Tage*	____________
2. *actual*	____________	*aktuell*	____________
3. *become*	____________	*bekommen*	____________
4. *equal*	____________	*egal*	____________
5. *familiar*	____________	*familiär*	____________

Während die beiden erzählten, machte Meredith ihnen ein Mitternachtsfrühstück aus Eiern mit Speck, Würstchen, Toast, Butter und köstlicher Himbeermarmelade. Und obwohl Paula sich schrecklich fühlte, weil sie Jamie in ihren Plan hineingezogen hatte, stürzte sie sich voller Heißhunger auf das Essen.

„All of a sudden the Earl came in and … well, you know the rest of the story", beendete Jamie ihr Geständnis.

Meredith nippte an ihrem Tee und sagte nichts. Das war fast noch schlimmer, als wenn sie herumgeschrien hätte. Paula wäre am liebsten im Fußboden versunken. Es war alles ihre Schuld. Wie hatte sie nur etwas so Dummes tun können?

„I'm so sorry", flüsterte sie. „It was all my fault, Jamie just …"

Da legte Jamies Mutter ihr eine Hand auf den Arm.

„I'm not cross with you[1]", sagte sie sanft. „You just wanted to help."

„But your situation has become even worse!", rief Paula. „If I hadn't …"

„Wait a minute!", unterbrach Jamie sie. Aufgeregt wühlte er in seinen Hosentaschen. Paula runzelte die Stirn, aber dann wurde ihr klar, was er suchte. Sie kramte in ihrer eigenen Tasche und zog die beiden Fetzen der Urkunde heraus, die sie im Zimmer des Earls hatte mitgehen lassen, und lächelte.

„Are you looking for these, Jamie?"

„What are they?", wollte Meredith wissen.

Unser Diebesgut, dachte Paula, aber das sagte sie natürlich nicht laut. Gemeinsam beugten sie sich über die Papierschnipsel.

Jamie entdeckte es zuerst. Er deutete auf eine Stelle auf dem Papier und sah seine Mutter ungläubig an.

„Mum, this is your name!"

Meredith winkte ab. „There are thousands of women by the name of Meredith."

„But how many Merediths were born on the same day as you were?", fragte Jamie.

Paula überlegte fieberhaft. „If this is your name and your date of birth[2] this document could be a birth certificate[3]. But how come the Earl has your birth certificate? And why did he tear it up[4]?"

Jamie sprang auf. „Let's ask him, right now!"

„We'd better try to find out more before we put our cards on the table[5]", gab Paula zu bedenken.

Meredith nahm den Papierfetzen hoch und hielt ihn sich dicht vor die Augen.

1 to be cross with someone: auf jemanden böse sein 2 date of birth: Geburtsdatum 3 birth certificate: Geburtsurkunde 4 to tear up something: etwas zerreißen 5 to put one's cards on the table: seine Karten auf den Tisch legen

Exercise 37

Unregelmäßige Verben. Setze die fehlenden Verbformen in die Tabelle ein. Zum Beispiel:
have – had – had.

	cut	
fight		
get		
	gave	
		grown

„Hm, there's nothing to it, I'm afraid. Take a look. Here, at the corner, that's the end of the name of the child's mother."

Ja, wenn man genau hinsah, erkannte man etwas. Es waren nur zwei Buchstaben: „ne."

„Damn!", sagte Jamie.

„My mother didn't have a middle name", erklärte Meredith Paula. „And her first name was Rose."

Paula war wie vor den Kopf gestoßen. Das konnte doch nicht sein! Endlich hatten sie eine Spur gefunden, und nun verlief sie schon wieder im Sande?

„But it can't be a coincidence[6] that the Earl threw away a birth certificate with your name on it", sagte sie, doch Meredith schüttelte den Kopf.

„I wish it were mine." Sie stand auf, nahm ein Haarband vom Schrank und band sich die braunen Locken zurück. „But I think we just have to accept the inevitable[7]. – And you should better go

6 coincidence: Zufall 7 inevitable: unausweichlich

to bed now and get some sleep before dawn[8]." Sie klappte einen Karton auf und begann Geschirr hineinzupacken.

„I won't give up", hörte Paula Jamie flüstern. Aber er saß mit hängenden Schultern am Küchentisch und kämpfte offensichtlich mit den Tränen.

„Neither will I", versicherte Paula ihm, dann lief sie hinaus, bevor er sehen konnte, dass sie selbst Tränen in den Augen hatte.

Exercise 38

Adverben bilden. Kannst du zu den folgenden Adjektiven Adverbien bilden? Zum Beispiel: *nice* → *nicely*.

1. *perfect* ____________________
2. *hard* ____________________
3. *fantastic* ____________________
4. *good* ____________________
5. *pretty* ____________________
6. *early* ____________________

8 dawn: Dämmerung

20th October 1970

Dear diary,
I can't help myself: I am in love with James! We spent two amazing days together and we've been spending hours on the phone every night ever since. Today he made a joke about getting married but actually it didn't sound like a joke at all.

What would he say if I told him the truth?

Liebes Tagebuch,
ich kann mir nicht helfen, ich bin in James verliebt! Wir hatten zwei fantastische Tage miteinander und haben seitdem jeden Abend Stunden am Telefon verbracht. Heute hat er einen Scherz übers Heiraten gemacht, aber es klang gar nicht nach einem Scherz.

Was würde er sagen wohl, wenn ich ihm die Wahrheit erzählte?

Der Traum

Als Paula wieder im Bett lag, war es fast zwei Uhr. Ihr schwirrte alles Mögliche im Kopf herum, und sie war viel zu aufgewühlt, um schlafen zu können. Das dachte sie jedenfalls, doch kurz nachdem sie sich in ihre Decke gekuschelt hatte, schlief sie schon tief und fest.

Der Earl stand mit zorngerunzelter Stirn im Park, in einer Hand seine Taschenuhr, in der anderen ein Beil. Auf der Sonnenuhr vor ihm lag das Gemälde von Lady Amelia.

Jamie klammerte sich an seinen Arm. „Please don't destroy[1] her picture!", rief er verzweifelt. Doch der Earl schaute nur auf seine Taschenuhr, sagte: „urgent business", dann zerschmetterte er das Bild mit dem Beil.

Meredith kam angelaufen und riss dem Earl das Beil aus der Hand. Aber der Earl packte sie einfach an den Haaren, und dann … dann riss er Meredith mitten entzwei, als wäre sie nichts als ein Stück Papier.

Während Jamie weinend versuchte, seine Mutter wieder zusammenzusetzen, tippte jemand Paula auf die Schulter. „Don't worry", hauchte eine Stimme, „I've been there for her all of her life and I won't let him do her any harm[2]."

Doch als Paula sich umdrehte, sah sie nur einen Nebelschleier, der auf das Schloss zuflog und in einem der Turmfenster verschwand.

Schweißgebadet fuhr Paula hoch. Was für ein schrecklicher Traum!

1 to destroy: zerstören 2 to do someone harm: jemanden verletzen, jemandem schaden

Exercise 39

Buchstabensalat. In den folgenden englischen Wörtern zum Thema „Traum“ sind die Buchstaben völlig durcheinandergeraten. Kannst du sie wieder in die richtige Reihenfolge bringen?

1. *mared* ________________
2. *grensta* ________________
3. *peelres* ________________
4. *grimhaten* ________________
5. *hiws* ________________

Was hatte der Nebel gesagt? Alles würde gut werden. Doch darauf konnte Paula sich nicht verlassen. Auch wenn Jamie sicher wieder gemeint hätte, dass da ein Geist in ihrem Traum zu ihr gesprochen hatte.

Der Wecker zeigte schon kurz nach zehn. Und während Paula sich anzog und in die Küche lief (nach zehn gab es kein Frühstück mehr, aber sie hoffte, dass Mrs Carbini etwas für sie aufbewahrt hatte), ließ sie sich alle Ungereimtheiten durch den Kopf gehen.

Da war die Geburtsurkunde mit Merediths Namen – aber der Name der Mutter passte nicht. Da war das Bestreben des Earls, Meredith und Jamie möglichst schnell loszuwerden – obwohl er und Meredith wie Geschwister aufgewachsen waren. Da war außerdem die Tatsache, dass sie nichts Schriftliches gefunden hatten – obwohl Lady Amelia Meredith garantiert etwas hatte hinterlassen wollen, wo die beiden sich doch so nahegestanden hatten. Und nicht zuletzt, gestand Paula sich zähneknirschend ein, war da das, was der Nebel ihr im Traum gesagt hatte. Natürlich war das kein Geist gewesen, aber Paula glaubte, dass ihr Unterbewusstsein ihr etwas mit diesem Traum sagen wollte. Dass all diese Dinge irgendwie zusammenhingen …

Dann fiel ihr noch etwas ein. Was hatte Meredith noch gleich gesagt? Dass ihre Mutter nur einen einzigen Vornamen gehabt hatte, Rose. Das war das fehlende Puzzlestück! Jetzt passte alles zusammen.

Aber ihr Verdacht war so ungeheuerlich, dass sie ihn überprüfen musste, bevor sie jemandem davon erzählte. Nur, wo sollte sie anfangen?

„Mrs Carbini …", begann sie. Doch in diesem Moment kam ihr Vater in die Küche.

Exercise 40

Übersetzen. Kannst du die folgenden Sätze ins Englische übersetzen? Achte dabei besonders auf die Präpositionen.

1. *Mrs Carbini ist die Köchin des Earls von Brightwood Castle.*

   ____

2. *Sie gingen nachts in den Garten.*

   ____

3. *Geh jetzt ins Bett!*

   ____

„Paula, wir müssen uns unterhalten“, sagte er so streng, wie sie ihn selten erlebt hatte. „Draußen. Deine Mutter wartet auf der Terrasse auf uns.“

Paula fing einen bedauernden Blick von Mrs Carbini auf, als sie ihrem Vater in den Garten folgte.

29th October 1970

Dear diary,
Last night, James suddenly appeared at our front door. Aunt Agatha was a bit grumpy[3] at first but James behaved like a perfect gentleman and in the end she was putty in his hands[4]. James invited me out to dinner and, when dessert came, he proposed to me[5]. I broke down in tears and left the restaurant as fast as my legs could carry me[6].

I ran straight to Marie. We talked for a long time and now I know what to do. I am going to have the baby and then put it up for adoption[7]. It is the only thing I can do but it feels so wrong …

Liebes Tagebuch,
gestern abend stand James plötzlich vor unserer Tür. Tante Agatha war zuerst ein bisschen mürrisch, aber James benahm sich wie der perfekte Gentleman, und am Ende war sie Wachs in seinen Händen. James lud mich in ein Restaurant ein und, als das Dessert kam, machte er mir einen Heiratsantrag. Ich brach in Tränen aus und verließ Hals über Kopf das Restaurant.

Ich lief direkt zu Marie. Wir haben lange geredet, und jetzt weiß ich, was ich tun werde. Ich werde das Baby bekommen und zur Adoption freigeben. Es ist das Einzige, was ich tun kann, aber es fühlt sich so falsch an …

3 grumpy: grummelig, mürrisch 4 to be putty in one's hands: Wachs in jemandes Händen sein 5 to propose to someone: jemandem einen Heiratsantrag machen 6 to run as fast as one's legs can carry one: Hals über Kopf (weg)laufen 7 to put a baby up for adoption: ein Kind zur Adoption freigeben

Ich weiss, was du getan hast …

Exercise 41

Wörtermix. Bilde so viele englische Wörter wie möglich aus einem Ausgangswort. Zum Beispiel *breakfast* → *fast, break, at, bear, stab, steak, far …*

Ausgangswort: *overwhelmed*

____

____

____

____

____

„Was hast du dir dabei gedacht, dich nachts in das Arbeitszimmer des Earls zu schleichen?“ Paulas Mutter klang ganz sachlich, aber sie nestelte ununterbrochen an ihren Haaren herum. „Ich nehme an, du hattest gute Gründe dafür?“

„Hatte ich.“ Paula trat vom einen Fuß auf den anderen. Sie konnte es nicht erwarten, ihre Theorie zu überprüfen, aber zuerst musste sie hier durch. „Ich erkläre es euch gern, aber jetzt muss ich …“

„Das Erste, was du musst, junge Dame“ – o je, wenn ihr Vater sie so nannte, dann war er ernsthaft sauer! – „ist, dich beim Earl zu entschuldigen. Ohne Wenn und Aber!“, fügte er hinzu, als Paula versuchte zu protestieren.

„Na gut“, grummelte Paula. Aber dann musste sie auf einmal schmunzeln. Eigentlich war das ja eine ausgezeichnete Idee! „Ich nehme an, der Earl ist in seinem Arbeitszimmer, um dringende Geschäfte zu erledigen?“

Paulas Mutter konnte sich ein Lächeln nicht verkneifen. „Allerdings. Und wir gehen zusammen, damit du dich nicht davonschleichst!“

Exercise 42

Pronomen finden. Unterstreiche alle englischen Pronomen im Text bis zur nächsten Übung. Zum Beispiel: ***she, our, they, mine, this.***

Das Treffen mit dem Earl verlief nicht ganz so, wie Paulas Mutter sich das vorgestellt hatte.

Nachdem sie angeklopft hatten, hörten sie ein unwirsches „come in!“. Der Earl saß hinter seinem Schreibtisch und winkte sie mit zusammengekniffenen Augen näher heran.

„Your Earlness“, begann Paulas Mutter. Ihr Vater runzelte die Stirn. Paula versuchte, ihr prustendes Lachen als Hustenanfall zu tarnen. Ihre Mutter sah die beiden kopfschüttelnd an, dann begann sie erneut.

„Your Earlness ... your Lordship, there is absolutely no excuse for what our daughter has done. She's here to apologise in sincerity.[1]“ Sie stieß Paula an, die in Richtung Schreibtisch stolperte. Schnell sah sie sich um. Es sah fast noch so aus wie letzte Nacht, bis auf ein Buch, das gestern noch nicht dort gelegen hatte. „Inheritance law[2]: 100 questions and answers.“ Na also, sie hatte es doch gewusst!

1 in sincerity: aufrichtig 2 inheritance law: Erbschaftsrecht

Ihre Mutter räusperte sich. Paula sah sich weiter auf dem Schreibtisch um und sagte dabei: „I'm very sorry, your Lordship, that I entered[3] your room without your permission.[4] I didn't mean …"

„There is no excuse for impertinent[5] behaviour like that!", herrschte der Earl sie an. „And you should have the courage[6] at least to look me into the eye if you want me to take your apology seriously!"

Exercise 43

Adjektiv oder Adverb? Setze das richtige Wort – Adjektiv oder Adverb – in jede Lücke ein. Zum Beispiel: *She reads ________________ (good) → She reads well.*

1. *Paula is a ________________ (brave) girl.*
2. *He reads the book ________________ (careful).*
3. *You can ________________ (easy) be fooled by your sister!*
4. *Please don't run so ________________ (fast)!*

Paula sah hoch. Ihre Blicke trafen sich. Und irgendwie musste der Earl den Triumph in ihrem Blick gesehen haben, den sie beim Anblick des Buches empfunden hatte. Jedenfalls kniff er die Augen noch mehr zusammen, wich ihrem Blick aus und begann, Dokumente hin und her zu stapeln. „I've heard enough", sagte er unwirsch und wedelte mit einer Hand.

„Ich denke, wir gehen besser", sagte Paulas Mutter.

Als sie draußen waren, fragte ihr Vater: „Das ist ja noch mal glimpflich abgegangen. Aber neugierig bin ich schon: Was hast

3 to enter: betreten 4 permission: Erlaubnis 5 impertinent: frech, unverschämt 6 courage: Mut

du in diesem Zimmer gesucht? Und wieso hat der Earl dich angesehen, als hätte er Angst vor dir?“

Paula stöhnte. „Ich verspreche euch, dass ich euch alles erzähle. Aber nicht jetzt. Ich muss dringend was erledigen!“

Ihre Eltern sahen sich an. Dann sagte ihre Mutter: „Okay, Paula. Du weißt, wir vertrauen dir. Aber ich baue darauf, dass du nichts Illegales mehr tust, haben wir uns verstanden?“

Paula umarmte ihre Mutter. „Versprochen! Ihr seid die besten Eltern der Welt!“

„Jetzt lügt sie auch noch schamlos“, frotzelte ihr Vater. „Wo soll das nur alles noch hinführen?“

„Ich muss weg!“, rief Paula und flitzte zurück in die Küche.

3rd November 1970

Dear diary,
When I phoned James he was overjoyed to hear from me. I told him I was overwhelmed[7] by his proposal and that I would love to become his wife.

I should be happy but I feel bad. I am such a liar[8]!

But Marie is right, I can't tell James. Ever. Even if he forgave me, his parents would never accept him marrying me. I just can't do that to him.

Cousin Betty, the cousin Marie and I invented what seems like a lifetime ago, needs help again. And I am going to live with her for a few months. Until my baby is born.

Liebes Tagebuch,
als ich James anrief, war er überglücklich, von mir zu hören. Ich sagte ihm, dass ich von seinem Heiratsantrag überwältigt war und dass ich sehr gerne seine Frau werden würde.

Ich sollte glücklich sein, aber ich fühle mich schlecht. Ich bin so eine Lügnerin!

Aber Marie hat recht, ich kann James nichts davon erzählen. Nie. Selbst wenn er mir vergeben würde, würden seine Eltern nie damit einverstanden sein, dass er mich heiratet. Ich kann ihm das einfach nicht antun.

Cousine Betty, die Cousine, die Marie und ich vor einer gefühlten Ewigkeit erfunden haben, braucht wieder Hilfe. Und ich werde ein paar Monate bei ihr leben. Bis mein Baby geboren ist.

7 overwhelmed: überwältigt 8 liar: Lügner/in

Exercise 44

Hauptsache Hauptwort! Bilde Nomen zu den folgenden Wörtern. Zum Beispiel: ***meet – meeting.***

1. *true* ____________________
2. *right* ____________________
3. *lonely* ____________________
4. *marry* ____________________
5. *isolate* ____________________

Der Earl wusste, dass Paula es wusste. Das hatte sie an seinem nervösen Blick gesehen. Und sicher würde er jetzt alles unternehmen, um die Beweise, die es noch geben mochte, zu vernichten. Paula musste sich beeilen.

Jamie würde sie nichts sagen. Nicht, bevor sie nicht Beweise hatte. Denn was sie vermutete, war so abenteuerlich, dass sie es selbst immer noch nicht so ganz glaubte. Sie wollte ihm keine Hoffnungen machen, nur um ihn dann zu enttäuschen. Nein, sie würde die Beweise auf eigene Faust suchen. Sie hoffte nur, dass sie schnell genug war.

Warum gab es hier bloß kein Internet?! Dann stünden ihre Chancen viel besser.

„Mrs Carbini!", rief sie, schon bevor sie zur Küchentür herein war.

Die Köchin ließ fast ihre Kuchenform fallen.

„Oh! My dear, don't ever scare[1] me like that again!"

„Please, Mrs Carbini, I need your help. Do you know Lady Amelia's names?"

„I beg your pardon[2]?"

Das hatte sich wirklich doof angehört! Paula versuchte es noch einmal. „Do you know whether Amelia was her only name?"

Mrs Cabini überlegte angestrengt, doch am Ende schüttelte sie den Kopf.

„I don't think so, dear. But I'm not sure, I've never heard anyone address her by any other name. Why do you want to know?"

Aber Paula war schon wieder zur Tür hinaus. „Thank you, Mrs Carbini!"

Exercise 45

Noch Fragen? Setze in den folgenden Sätzen jeweils das passende Fragewort ein: ***why, where, when, who, how.***

1. ________________ *did you come home so late last night?*
2. ________________ *is this handsome boy over there?*
3. ________________ *do we meet again?*
4. ________________ *many potatoes do you want to buy?*
5. ________________ *is my school bag?*

1 to scare somebody: jemanden erschrecken 2 I beg your pardon: wie bitte?

Der Schreibtisch in der Bibliothek war verschlossen, aber das hatte Paula nicht anders erwartet. Sie begann die Bücherregale abzusuchen. Irgendwo musste doch etwas über Lady Amelias Familie zu finden sein! Ein altes Fotoalbum, eine Familienchronik, irgendetwas! Aber Fehlanzeige.

Na gut, dann würde sie es anders versuchen. Was war das noch für ein Buch gewesen, in dem sie das Wappen der Crabingstones gesehen hatte? Sie konnte sich beim besten Willen nicht erinnern …

Wahllos zog sie ein teuer aussehendes Buch aus dem Regal und schlug es vorne auf. Da war doch schon etwas: Auf der ersten Seite klebte ein Zettel mit dem Wappen von Brightwood Castle, einem Drachen, der auf dem Wipfel eines Baumes thronte. Aber Paula war diesmal nicht auf der Suche nach Wappen. Sie wollte etwas anderes finden.

Nachdem sie eine Ewigkeit vergeblich gesucht hatte, kam ihr plötzlich eine Idee. Kinderbücher! Doch nachdem sie weitere kostbare Minuten mit der Suche nach Kinderbüchern verschwendet hatte, kam sie zu dem Schluss, dass es in dieser Bibliothek keine gab.

War das möglich? Schließlich war Lady Amelia doch auch einmal ein Kind gewesen. Und der jetzige Earl ebenfalls, auch wenn man sich das kaum noch vorstellen konnte …

Paula lief zu Mrs Carbini zurück, und diesmal konnte die Köchin ihr weiterhelfen. Sie führte sie sogar höchstpersönlich in den Keller. In einem Raum voll mit uraltem Gerümpel wurden sie fündig.

Mrs Carbini zog den schweren Karton mit Kinderbüchern in den Kellerflur.

„I hope you find what you are looking for“, sagte sie schmunzelnd. Dann strich sie ihre nicht mehr ganz so weiße Schürze glatt und ging davon.

„Thank you so much!“, rief Paula ihr hinterher.

Sie musste nur zwei Bücher aufschlagen, um zu finden, was sie gesucht hatte. In einer alten Ausgabe von „The Wind in the Willows“[3] fand sie einen Aufkleber mit dem Wappen der Crabingstones. Und darunter stand, in runder Kleinmädchenschrift: „This book belongs to Amelia Gwendolyn Luthberta Anne Countess of Crabingstone.“

Exercise 46

Falsh geschriben. In jedem der folgenden Sätze sind zwei Rechtschreibfehler versteckt. Findest du sie? Unterstreiche sie, und schreibe die entsprechenden Wörter noch einmal richtig auf.

1. *I hop you find what you are loking for.*

   ____

2. *Why do you wont to now?*

   ____

3. *Meredith isn't aible to pay the rent for the cotage.*

   ____

3 „The Wind in the Willows“: „Der Wind in den Weiden“, *englischer Kinderbuchklassiker*

16th June 1971

Dear diary,
I didn't even dare to take a look at my baby, knowing I would have to give it away right away[4]. Everything is settled[5]. Joanna and Sam, who live here in the hippie commune, will pass off my baby as theirs[6].

I have no idea how to continue[7] my old life.

It's a girl.

Liebes Tagebuch,
ich habe mich noch nicht mal getraut, mein Baby anzuschauen, weil ich wusste, dass ich es gleich wieder weggeben musste. Es ist alles geklärt. Joanna und Sam, die hier in der Hippie-Kommune leben, werden mein Baby als ihres ausgeben.

Ich habe keine Ahnung, wie ich mein altes Leben weiterführen soll.

Es ist ein Mädchen.

4 right away: sofort, auf der Stelle 5 settled: entschieden 6 to pass off something as something: etwas als etwas anderes ausgeben 7 to continue: fortsetzen, fortführen

Anne

Jamie sah aus, als hätte er überhaupt nicht geschlafen. Aber darauf konnte Paula jetzt keine Rücksicht nehmen.

„Just go", sagte Meredith müde. „But make sure to be back for lunch, Jamie, will you? The removal van[1] will be here at about four o'clock."

„Removal van?", fragte Paula, als sie draußen waren. „Have you found a new place to live after all?"

Jamie schüttelte den Kopf. „No. We'll live at Eva's place, she's an old friend of my mum's. Until we find something else."

Digger, der auf der Straße vorausgelaufen war, bellte.

„We'll only have one single room there so our stuff will have to go into storage[2]."

Er sah so verzweifelt aus, dass es Paula in der Seele weh tat. Aber sie hatte ja etwas, um ihn abzulenken.

„Everything will be all right, trust[3] me."

Jamie sah sie von der Seite an, und ein Lächeln flog über sein Gesicht. „You're a real friend, Paula. I'm glad I met you. Even if", das Lächeln verschwand wieder, „if we won't meet again after tonight. Eva's place is more than eighty miles away."

Paula schluckte. Aber dann fing sie sich wieder. Noch war es nicht zu spät!

„Jamie", sagte sie, „you won't believe what I've found out. I've been looking for Lady Amelia's children's books."

Jamie sah sie an, als sei sie verrückt geworden. „Why the hell have you been doing that?!"

Paula warf einen Stock für Digger ins Kartoffelfeld, und der Golden Retriever rannte kläffend hinterher.

1 removal van: Umzugswagen 2 to go into storage: eingelagert werden 3 to trust: vertrauen

Exercise 47

Nein! Bilde aus den folgenden Sätzen verneinte Aussagen. Zum Beispiel: *We will meet again →* *We won't meet again.*

1. *They'll live at Eva's place.*

 ___

2. *You're a real friend.*

 ___

3. *Everything is all right.*

 ___

4. *He wants to be back at lunch.*

 ___

„I wondered whether Lady Amelia had any other names than, well, Amelia."

Jamie runzelte die Stirn, doch dann begriff er.

„And, did she?", flüsterte er.

„Oh, yes!", sagte Paula. „She had four names: Amelia Gwendolyn Luthberta Anne."

Digger legte Paula den Stock vor die Füße, aber sie konnte ihn nicht erneut werfen, weil Jamie sie gepackt hatte und sie in die Luft hob.

„Anne!", rief er so begeistert, als hätte er einen Sack mit Gold gefunden. „Paula, you're just great!"

„Let me down!", rief Paula lachend.

Mit einem verlegenen Lächeln setzte Jamie sie wieder auf dem Boden ab.

„Do you really think that … that Lady Amelia was …“ Er konnte nicht weitersprechen, darum beendete Paula den Satz für ihn:

„That Lady Amelia was your grandma? Yes, that's what I think.“

„But that would mean that the Earl couldn't evict[4] us … And Mum would inherit half of the Brightwood estate[5]!“ Jamie brauchte eine Weile, um das zu verdauen. Währenddessen gingen sie schweigend weiter. Dann wandte er sich zu Paula.

Exercise 48

Genitiv-s oder Plural--s? Entscheide in jedem Satz, ob ein Genitiv-s (mit Apostroph) oder ein Plural-s (ohne Apostroph) richtig ist. Zum Beispiel: ***This is Mary(')s place*** **→** ***This is Mary's place.***

1. *Yesterday I found two hedgehog(')s[6] in our garden.*

   ____

2. *Could you pass me the tomatoe(')s, please?*

   ____

3. *My mother(')s aunt is going to visit us next month.*

   ____

4. *There are so many star(')s out tonight!*

   ____

4 to evict: zwangsräumen, rauswerfen 5 estate: Besitz, Vermögen; Anwesen 6 hedgehog: Igel

„But how can we prove it? And, by the way[7], where are we going, anyway?“

„We're going to church“, sagte Paula.

„Do you want to pray[8] for evidence[9]?“, fragte Jamie ungläubig.

Da musste Paula so lachen, dass sie keine Luft mehr bekam.

7 by the way: nebenbei bemerkt 8 to pray: beten 9 evidence: Beweise

26th June 1971

Dear diary,
I can't stand[10] being separated[11] from my baby. But I can't give up James either.

When I phoned Mum last night, she told me that a couple[12] who work for us were planning to adopt a baby. I stayed up all night, and in the morning I phoned Joanna. I told her what I wanted to do. And, though she already loves my baby girl very much, she agreed to my plan.

If you can call it a plan at all. It's more of a desperate[13] attempt to have everything: James and my baby.

Marie says I'm insane[14]. But I have to try.

Liebes Tagebuch,
ich halte es nicht aus, von meinem Baby getrennt zu sein. Aber ich kann auch James nicht aufgeben.

Als ich Mum gestern abend anrief, erzählte sie mir, dass ein Ehepaar, das für uns arbeitet, plant, ein Baby zu adoptieren. Ich blieb die ganze Nacht wach und rief am Morgen Joanna an. Ich sagte ihr, was ich tun wollte. Und sie stimmte meinem Plan zu, obwohl sie mein kleines Mädchen bereits sehr lieb hat.

Falls man überhaupt von einem Plan sprechen kann. Es ist eher ein verzweifelter Versuch, alles zu haben: James und mein Baby.

Marie sagt, ich sei verrückt. Aber ich muss es versuchen.

10 I can't stand it: ich halte es nicht aus 11 separated: getrennt 12 couple: Paar 13 desperate: verzweifelt 14 insane: verrückt

Ein Gedächtnis wie ein Elefant

Die Dorfkirche lag auf einem kleinen Hügel, umgeben von Ulmen und Kastanien. Der Stein, aus dem sie gebaut war, war verwittert, ebenso wie die Kreuze und Grabsteine auf dem kleinen alten Friedhof.

In der Kirche war es erstaunlich hell, weil das Sonnenlicht durch die hohen bunten Kirchenfenster fiel. Eine alte Frau saß in der letzten Reihe der Kirchbänke, sonst war niemand zu sehen.

Paula und Jamie gingen vor zum Altar, und während sie noch überlegten, ob sie die Sakristei betreten sollten, kam der Pfarrer herbeigeschlurft.

Er hatte schlohweißes Haar, war klein und ging gebückt. Ein Windstoß hätte ihn umwerfen können, dachte Paula. Doch als er ihr die Hand drückte, wurde ihr klar, dass noch sehr viel Kraft in diesem alten Mann steckte.

Exercise 49

Wörtersuche. Findest du im Rest dieses Kapitels die englischen Entsprechungen zu den folgenden deutschen Wörtern?

obwohl, Zweifel, Geburtenregister, Notfall, sonnig, getauft

„We're sorry to trouble you", begann Jamie.

Der Pfarrer lachte. „It is my job to be troubled, as you call it."

Er winkte ihnen, ihm zu folgen. Sie gingen durch die Sakristei und landeten auf einer lauschigen Terrasse, wo der Pfarrer ihnen Tee anbot, bevor er sich in einen Stuhl fallen ließ.

„Now, what's on your minds[1]?", fragte er.

Jamie sah Paula hilfesuchend an.

„We would like to know about the birth of a child and we hope that you can show us the register of births[2]."

Der Pfarrer nippte an seiner Tasse, dann lächelte er. „We won't need the register of births." Er tippte sich an die Stirn. „It's all in here."

Nun lächelte Jamie. „Well, the child was born in 1971 and …"

Der Pfarrer beugte sich zu Jamie vor und tätschelte ihm den Arm. „As I said before, it's all in here. Which month in 1971 are we talking about?"

Paula sah Jamie fragend an.

„We're talking about June 12th 1971", sagte Jamie.

„Let me see …" Der Pfarrer schloss die Augen und legte die Fingerspitzen seiner Hände aneinander. Er schwieg so lange, das Paula schon dachte, er wäre eingeschlafen. Doch dann öffnete er plötzlich die Augen, schmunzelte und sagte:

„June 12th in 1971 was a beautiful sunny day. There was only one birth that day. I remember how a man hammered at the door of my office a few days later. He wore jeans and a shirt … wait a moment … a green shirt with flowers on it. Red flowers, if I remember it correctly. But that doesn't matter, does it?"

Stimmt, dachte Paula. Aber faszinierend war es schon, wie gut er sich an einen Tag erinnerte, der über 40 Jahre zurücklag.

„Well, it was eleven o'clock in the evening already, so I thought it was an emergency. But it was only an excited father."

Jamie und Paula warfen sich einen zweifelnden Blick zu.

1 what's on your minds?: was habt ihr auf dem Herzen? 2 register of births: Geburtenregister

Exercise 50

Falsche Freunde. Das englische Wort *art* sieht aus wie das deutsche Wort „Art“, bedeutet aber etwas ganz anderes, nämlich „Kunst“. Kannst du die folgenden „Falschen Freunde“ übersetzen?

1. *control*	____________	*kontrollieren*	____________
2. *lemon*	____________	*Limone*	____________
3. *meaning*	____________	*Meinung*	____________
4. *also*	____________	*also*	____________
5. *mode*	____________	*Mode*	____________

Der Pfarrer lächelte in sich hinein. „I knew him well because I had baptised[3] him when he was a baby just like his three sisters and two brothers. That was really a fruitful[4] family! His mother had eight siblings, two boys and six girls, if I remember it correctly, whereas his father … let me think … his father had only three sisters. One of them, Catherine, went to Canada. Another one died at the age of seven. Well, that was a sad story and …“

„Excuse me“, unterbrach Paula den Redeschwall des Pfarrers, bevor er sich in seiner Geschichte zu Adam und Eva zurückarbeiten konnte, die er zweifellos auch noch persönlich gekannt hatte. „But do you remember the name of the child?“

„Of course I do! The boy was called Edward Sean. Edward Sean Seamore, that was his name.“

3 to baptise: taufen 4 fruitful: fruchtbar

Paula war wie vor den Kopf gestoßen. Das konnte doch nicht sein!

„Are you sure about that?“, fragte Jamie. „Couldn't it have been a girl who was born on that day?“

„I see, you're a sceptic[5].“ Der Pfarrer erhob sich mühsam aus seinem Stuhl. „That's all right by me, although anyone else might feel offended[6] by your doubts[7]. Anyway, let's take a look at the register of births then and find out whether this old man here has a memory[8] like an elephant“, er schmunzelte, „or just the memory of a worm.“

Exercise 51

Redewendungen. Kannst du die folgenden Redewendungen ihren englischen Entsprechungen auf Seite 106 zuordnen? Zum Beispiel: ***a memory like an elephant*** **→ ein Gedächtnis wie ein Elefant.**

1. *Der Apfel fällt nicht weit vom Stamm.*
2. *Besser spät als gar nicht.*
3. *Des einen Freud', des anderen Leid.*
4. *Ende gut, alles gut.*
5. *Es regnet wie aus Kübeln.*
6. *Ohne Fleiß kein Preis.*

5 sceptic: Skeptiker/in, Zweifler/in 6 offended: angegriffen, beleidigt 7 doubt: Zweifel 8 memory: Gedächtnis

Exercise 51 Fortsetzung

a) *One man's meat is another man's poison.*

b) *It's raining cats and dogs.*

c) *No pain, no gain.*

d) *Like father, like son.*

e) *Better late than never.*

f) *All's well that ends well.*

4th July 1971

Dear diary,
It really worked! I still can't believe it.

I told the Baxters about the friends of Marie's cousin, Betty, who were looking for someone to adopt their baby. They were surprised but agreed immediately to meet Joanna and Sam, who will arrive at Brightwood Castle with my baby this coming weekend.

Liebes Tagebuch,
es hat wirklich geklappt! Ich kann es immer noch nicht glauben.

Ich habe den Baxters von den Freunden von Maries Cousine Betty erzählt, die jemanden suchen, der ihr Baby adoptiert. Sie waren überrascht, waren aber sofort einverstanden, sich mit Joanna und Sam zu treffen, die mit meinem Baby nächstes Wochenende nach Brightwood Castle kommen werden.

Das Geständnis

Der Blick ins Geburtenregister bestätigte, was der Pfarrer gesagt hatte. Es war nur eine Geburt für den 12. Juni 1971 eingetragen, ein Junge mit dem Namen Edward Sean Seamore.

Sie blätterten noch einige Seiten weiter, aber auch später gab es keinen Eintrag für Meredith.

Bedrückt machten Paula und Jamie sich auf den Rückweg. Doch als sie ein Stück gegangen waren, blieb Jamie plötzlich stehen und schlug sich vor die Stirn.

„How could we be so blind?!", rief er. „There can't be a record[1] in our register! Lady Amelia kept it a secret all that time that my mum was her daughter. And that means ..."

„... that your mum was born somewhere else", sagte Paula. „But we don't have the faintest idea[2] where that could be."

„Someone must have known", sagte Jamie.

Wunschdenken, dachte Paula, aber dann fiel ihr etwas ein. „Jamie, how long has Mrs Carbini been working for the Brightwoods?"

Mrs Carbini bereitete gerade das Mittagessen zu und freute sich darüber, dass Jamie und Paula ihr helfen wollten. Auch wenn sie dafür eine Gegenleistung verlangten.

Tatsächlich arbeitete Mrs Carbini seit fast 60 Jahren für die Familie und erzählte bereitwillig, wie Lady Amelia als junge Frau gewesen war.

„She studied economics?", fragte Paula erstaunt, als Mrs Carbini das erwähnte.

„Oh yes, she was a very modern young woman. She didn't care for convention[3] but believed that a woman could do any-

1 record: *hier*: Eintrag 2 not the faintest idea: nicht die geringste Ahnung 3 convention: Sitten, Gebräuche

thing a man could do. That was quite unusual[4] in the sixties, you know, especially in aristocratic circles[5]."

Exercise 52

Satzsalat. Die Wörter in den folgenden Sätzen sind völlig durcheinandergeraten. Kannst du sie wieder in die richtige Reihenfolge bringen?

1. *we blind could how so be ?*

   ____

2. *Amelia kept secret Lady a it*

   ____

3. *a memory vicar[6] elephant the like has an*

   ____

Mrs Carbini schnitt die Frühlingszwiebeln so schnell, dass man das Messer kaum erkennen konnte, und wandte sich dann dem Schälen der Möhren zu. Paula rollte Teig aus, und Jamie kämpfte derweil mit dem Deckel eines Konservenglases.

„And she liked to be in London. That's why no one understood her decision to leave the university there."

Paula horchte auf. „When was that?"

Mrs Carbini hielt kurz inne, bevor sie die Möhren weiter traktierte.

„It must have been shortly after her twenty-first birthday, I think. She moved back to Brightwood Castle, and no one ever questioned her decision. Her parents were happy to have her

4 unusual: ungewöhnlich 5 aristocratic circles: adlige Kreise 6 vicar: (anglikanischer) Pfarrer

back home again. I think I was the only one to ask her about her coming back, but she just smiled, hugged me[7] and said that she had to but didn't want to burden me[8] by telling me the reason for her decision. And shortly after that she went away for a few months – out of the blue[9]."

Exercise 53

Gegensätze ziehen sich an! Findest du die Gegensatzpaare in den folgenden beiden Wortlisten?
Zum Beispiel: ***search – find.***

1. *dead – all – amuse – busy – safe – niece – private – weak*
2. *dangerous – bore – powerful – nephew – alive – lazy – none – public*

Jamie stellte das Glas ab, und Paula hörte auf, den Quicheteig in die Springform zu drücken.

„Where did she go?", fragte Paula.

Mrs Carbini sah sie ernst an. „She wanted to visit her best friend's cousin in Scotland. At least that's what she told everybody."

Jamie räusperte sich. „But you didn't believe her?"

„No", sagte Mrs Carbini.

„What did you think where she was going? And why?", fragte Paula.

Mrs Carbini sah zu Jamie, dann schüttelte sie den Kopf und begann wieder auf die Möhren einzuhacken.

„Was it because of her being pregnant?", hakte Paula nach.

Mrs Carbini ließ das Messer fallen. „How do you know?!"

7 to hug somebody: jemanden umarmen 8 to burden someone: jemanden belasten 9 out of the blue: aus heiterem Himmel

„She's my grandmother, isn't she?", fragte Jamie leise.

Mrs Carbini ließ sich schwer auf ihren Stuhl fallen.

„Oh my God, that's what I've suspected[10] all along[11]! Jamie, I'm so sorry, but I thought that it was just a crazy idea of mine. If I had had any proof[12] I would have told Meredith. But I didn't want to do mischief[13] by spreading unproven rumours[14]. It could have destroyed Lady Amelia's marriage[15] and maybe Meredith's life, too."

Mrs Carbini liefen Tränen über das runzelige Gesicht. Sie zerknüllte die Schürze in ihren Händen.

„I see", sagte Jamie. Paula bewunderte ihn dafür, dass er Mrs Carbini keine Vorwürfe machte. Nein, er setzte sich sogar neben sie und nahm ihre Hand.

Exercise 54

Außenseiter. Eins der Wörter in jeder Reihe passt nicht zu den anderen. Findest du es?

1.	*find*	*see*	*search*
2.	*if*	*whether*	*when*
3.	*golden*	*quickly*	*easily*
4.	*bread*	*roll*[16]	*milk*
5.	*after*	*until*	*before*

Mrs Carbini schluchzte auf. „When Lady Amelia died I wanted to tell Meredith. But still I had no proof … Although I looked for it", fügte sie beschämt hinzu. „But the Earl always locks away[17]

10 to suspect: vermuten, argwöhnen 11 all along: die ganze Zeit 12 proof: Beweis, Beleg 13 to do mischief: Unheil anrichten 14 to spread unproven rumours: Gerüchte verbreiten 15 marriage: Ehe 16 roll: Brötchen 17 to lock away: wegschließen

his documents so I couldn't find anything." Sie sah Jamie unter Tränen an. „Jamie, how did you find out? Do you have any proof?"

Jamie schüttelte den Kopf. „No, but I'll find it. If it's the last thing I do."

10th July 1971

Dear diary,
Sam hardly[18] said a word all weekend long but Joanna was just stunning[19]. Not only did she convince the Baxters that she had to give her baby away but she also managed to impress them and my parents with her immaculate manners[20] and her educated remarks[21] about everybody and everything.

Everyone agreed that Meredith (that's my baby's name now) should be adopted by the Baxters.

Liebes Tagebuch,
Sam hat das ganze Wochenende kaum ein Wort gesagt, aber Joanna war einfach umwerfend. Sie hat die Baxters nicht nur überzeugt, dass sie ihr Baby weggeben muss, sondern es auch geschafft, sie und meine Eltern mit ihren untadeligen Manieren und ihren gebildeten Bemerkungen über alles und jeden zu beeindrucken.

Alle waren einverstanden, dass Meredith (so heißt mein Baby nun) von den Baxters adoptiert werden soll.

18 hardly: kaum 19 stunning: umwerfend 20 immaculate manners: untadelige Manieren 21 remark: Bemerkung

Zu spät?

Es war fast Mittag, als die beiden Mrs Carbini verließen.

„All right", sagte Jamie grimmig. „There's only one thing we can do now – go to the police and let them force the Earl to hand over any documents he might be hiding. – Or shall we talk to a lawyer[1] first?", fügte er zweifelnd hinzu.

„We have about four hours left[2] before the removal van comes", sagte Paula nach einem Blick auf die goldglänzende Standuhr im Foyer des Schlosses. „Let's try one last thing before we call a lawyer. Let's search[3] Lady Amelia's room."

Sie ärgerte sich ein wenig, dass sie nicht schon früher daran gedacht hatte, aber vielleicht war es ja noch nicht zu spät. Auch wenn der Earl, wie sie vermuteten, das Testament seiner Mutter unterschlagen hatte, so hatte er doch vielleicht etwas übersehen, was ihnen weiterhelfen konnte.

Paula ging los, die Treppe hinauf. Als Jamie sie einholte, fragte er: „How do you know where her room is?"

Paula hielt inne, als ihr klar wurde, dass sie das eigentlich nicht wissen konnte.

„It is in the eastern tower, isn't it?", fragte sie zögernd. „I ..."

Jamie grinste „Lady Amelia's ghost told you, didn't she?"

„Nonsense!", sagte Paula und lief schnell weiter. Tatsächlich war sie ganz automatisch in Richtung des Turms gegangen, weil der Nebel in ihrem Traum dorthin verschwunden war. Diese ganzen Geistergeschichten waren echt ansteckend!

Lady Amelias Zimmer lag im obersten Stockwerk. Es war vermutlich einmal sehr gemütlich gewesen, mit seinen rotgepolsterten Sesseln, dem hell gebeizten Bücherregal, dem flauschi-

1 lawyer: Anwalt 2 left: *hier*: übrig 3 to search: (durch)suchen

gen orangefarbenen Teppich und der sonnengelben Tapete, die das Zimmer auch dann freundlich hatte aussehen lassen, wenn es regnete.

Exercise 55

Buchstabensalat. In den folgenden englischen Wörtern zum Thema „Geister" sind die Buchstaben völlig durcheinandergeraten. Kannst du sie wieder in die richtige Reihenfolge bringen?

1. *dunehat* ____________________
2. *thogs* ____________________
3. *clesta* ____________________
4. *schina* ____________________
5. *yarcs* ____________________

Aber nun sah es aus, als hätte ein Wirbelsturm in dem Raum gewütet: Alle Schränke standen offen, die Schubladen waren geöffnet oder lagen komplett auf dem Boden, überall waren Kleidungsstücke verstreut, und der Sekretär war umgeworfen und ausgekippt worden.

Jamie trat wütend gegen ein Holzkästchen, das vor ihm auf dem Boden lag. Paula hätte vor Wut am liebsten geschrien. Aber das hätte nur den hellhörigen Earl auf sie aufmerksam gemacht, darum verkniff sie sich das.

„Let's start", sagte sie zu Jamie, doch der blaffte sie an: „What do you expect to find in this mess? There's nothing left, can't you see?!"

11th July 1971

Dear diary,
There are some legal difficulties[4] but Dad will take care of that.

Liebes Tagebuch,
es gibt einige rechtliche Schwierigkeiten, aber Dad wird sich darum kümmern.

4 difficulty: Schwierigkeit, Problem

Jamies Geschichte

Exercise 56

Present Progressive. Bilde die Verlaufsform der folgenden Verben, und setze sie in die Lücken ein. Verwende dabei auch die *contracted forms* von *to be*. Zum Beispiel: *He ________________ (play) football every day → He's playing football every day.*

1. *My sister ________________ (sing) a song.*
2. *They ________________ (play) a new computer game.*
3. *I ________________ (read) an exciting book at the moment.*
4. *She ________________ (swim) in the sea.*
5. *We ________________ (make) delicious cupcakes now.*
6. *My mother ________________ (take) a shower.*

„It's the only thing we can do before calling a lawyer", versuchte Paula ihn zu beruhigen. „Let's just take a look …"

„No!" Jamie griff nach einem Stapel Kleider und schleuderte sie durch die Gegend. „It's over now. I can't stand this any longer!"

Paula ging zu ihm hin und berührte seinen Arm. „It will be over soon, believe me. We …"

Aber Jamie stieß sie weg. „It won't be over. Never. Every time it looks as if I had just a little bit of luck, I lose someone."

Er ließ sich auf das verwüstete Bett fallen und verbarg sein Gesicht in den Händen.

Paula setzte sich neben ihn. Sie hatte keine Ahnung, wovon Jamie sprach, und sie wusste auch nicht, wie sie ihn trösten sollte. Darum tat sie das Einzige, was ihr einfiel.

Sie legte ihm einen Arm um die Schultern und sagte leise: „Tell me about it."

Zuerst sagte Jamie nichts, doch nach einer Weile sprudelte es aus ihm heraus.

„Remember the coin[1] I gave you? My lucky charm?"

Paula nickte.

„It's the only thing my father left me. That was three years ago, almost exactly one year after my grandparents ...", er schüttelte den Kopf, „I mean, when the Baxters, whom I called my grandparents back then, when they died in a car accident."

Exercise 57

Adjektive finden. Unterstreiche alle englischen Adjektive von hier an bis zum Ende des Kapitels.

„Wie schrecklich!", rief Paula, und erst dann wurde ihr klar, dass sie Deutsch gesprochen hatte. „That's terrible", sagte sie noch einmal. „You ... I mean all of you must have had a really hard time."

Jamie nickte und zog die Nase hoch. „I was shocked but my mum was devastated[2]. Only my dad seemed unmoved[3]. He always told Mum that everything would be all right after a while and that time healed all wounds[4]."

1 coin: Münze 2 devastated: am Boden zerstört 3 unmoved: unbewegt, ungerührt 4 time heals all wounds: Zeit heilt alle Wunden

Er starrte versunken vor sich hin. Paula suchte ihm in dem Chaos in Lady Amelias Zimmer ein Taschentuch, bevor sie sich wieder neben ihn setzte.

„Perhaps he was suffering, too, but was trying to be strong for you and your mum“, sagte sie dann.

Jamie zuckte die Achseln. „Maybe he was. But he didn't try to help her for very long.“ Er schnaubte verächtlich. „He left us only five months after the accident. Mum and I got rid of everything that reminded us of him[5]. I was furious! But nonetheless“, Jamie lachte, aber Paula lief dabei ein Schauer über den Rücken, „nonetheless I kept something. Just a tiny little thing that he gave me when I was five. He had been on a business trip to Paris for a few weeks and when he came home he gave me that coin.“

„I see“, sagte Paula hilflos. Wie schrecklich musste das für Jamie gewesen sein! Erst starben seine Großeltern, und dann verließ sein Vater auch noch die Familie. Paula mochte sich nicht vorstellen, wie sich das anfühlen musste. Kein Wunder, dass Jamie fast durchgedreht war, als es so aussah, als würde er nun auch noch sein Zuhause verlieren!

„I see“, sagte sie noch einmal.

Jamie saß jetzt apathisch da, starrte nur noch vor sich hin.

Paula gab sich einen Ruck. Sie stand auf. „But you won't lose anybody or anything today. We'll find something to prove that your mum is Lady Amelia's daughter. Come on now!“ Er wehrte sich ein bisschen, aber Paula gelang es trotzdem, Jamie vom Bett hochzuziehen. Sie kniete sich vor den umgekippten Sekretär auf den Boden und begann in den Papieren zu wühlen.

Als Jamie keine Anstalten machte, beim Suchen zu helfen, sah sie zu ihm hoch und grinste. „Jamie, after all we've experienced in the last couple of days, don't you think Lady Amelia's ghost will help us one last time?“

5 to remind someone of something: jemanden an etwas erinnern

Exercise 58

Wörtermix. Bilde so viele englische Wörter wie möglich aus einem Ausgangswort. Zum Beispiel *breakfast* → *fast, break, at, bear, stab, steak, far …*

Ausgangswort: *helplessly*

____

____

____

____

____

Sie war glücklich, als ein kleines Lächeln über Jamies Gesicht huschte und seine blauen Augen zum Leuchten brachte. Dann ging er zu dem kleinen Lesetisch, auf dem einige Ordner lagen, und begann zu suchen.

14th July 1971

Dear diary,
I still cannot believe that I'll soon be seeing my little girl every day! Although it means I'll have to give up studying and move back to Brightwood Castle. My parents will be quite surprised when I tell them but I know they will welcome me back with open arms. They never wanted me to study anyway; they wanted me to stay at home instead and learn how to be a countess.

I hope I can come up with a *good explanation*[6] for James about why I *decided to drop out of college*[7].

Liebes Tagebuch,
Ich kann immer noch nicht glauben, dass ich mein kleines Mädchen bald jeden Tag sehen kann! Obwohl das bedeutet, dass ich das Studium aufgeben und zurück nach Brightwood Castle ziehen muss. Meine Eltern werden ziemlich überrascht sein, wenn ich es ihnen mitteile, aber ich weiß, dass sie mich mit offenen Armen empfangen werden. Sie wollten sowieso nie, dass ich studiere; sie wollten, dass ich zu Hause bleibe und lerne, eine Gräfin zu sein.

Ich hoffe, ich kann James eine gute Erklärung liefern, warum ich beschlossen habe, das Studium abzubrechen.

6 explanation: Erklärung 7 to drop out of college: das Studium abbrechen

Was man in Büchern alles finden kann

Exercise 59

Unregelmäßige Verben. Setze die fehlenden Verbformen in die Tabelle ein. Zum Beispiel: ***have – had – had.***

______	*shot*	______
steal	______	______
spring	______	______
______	*stood*	______
______	______	*sworn*

Paula bemühte sich, zuversichtlich zu bleiben. Aber je länger sie suchten, desto näher rückte der Zeitpunkt, an dem der Möbelwagen kommen würde. Und dann würde Jamie wegziehen. So weit weg, dass sie sich nicht mehr sehen könnten.

Jetzt reiß dich aber mal zusammen!, ermahnte sie sich. Das Einzige, was sie zu verlieren hatte, war ein Freund. Jamie und Meredith waren drauf und dran, alles zu verlieren.

„It's hopeless", sagte Jamie in diesem Augenblick.

„No, it isn't!", sagte Paula streng. Aber als sie sich umschaute, wurde ihr klar, dass sie inzwischen so gut wie alles durchsucht hatten, ohne auch nur das Geringste zu finden.

Alles, bis auf …

Paula baute sich vor dem Bücherregal auf und zog das allererste in der obersten Reihe heraus. Sie blätterte es schnell durch, dann griff sie sich das nächste und blätterte wieder.

„What are you doing?", fragte Jamie verständnislos.

Paula lächelte ihn an, bevor sie sich das nächste Buch vornahm. „Do you like reading, Jamie?"

Jamie zuckte die Achseln. „I'd rather listen to audio books[1]."

„How many books do you have?"

„Well, ten or maybe fifteen …"

Paula nickte und machte weiter. Buch aus dem Regal nehmen, durchblättern, zurückstellen. „That's what I thought. You see, voracious[2] readers like me and Lady Amelia", sie deutete auf das deckenhohe Regal vor sich, „we make use of books in different ways. We don't only read them – we also use them for hiding things we want to keep secret."

„Like …?", sagte Jamie gedehnt.

„Well, like …" Paula blätterte und blätterte. Dann zog sie triumphierend ein Blatt Papier aus einem Buch und hielt es Jamie unter die Nase. „Like this!"

Er riss es ihr aus der Hand und warf einen Blick darauf.

„Like an old bus ticket?", sagte er abfällig. Doch dann sah er sich die Fahrkarte noch einmal an, stutzte und war mit einem Mal ganz aufgeregt. „A very old bus ticket, indeed! It's from 1971 and the destination is … Scotland!"

„Let me see!" Paula wollte ihm die Fahrkarte abnehmen, aber Jamie hielt sie hoch über seinen Kopf.

„Guess the date!", rief er ausgelassen.

Paula rechnete blitzschnell zurück. Meredith Baxter war im Juni 1971 geboren …

„January or February 1971, I guess", sagte sie.

1 audio book: Hörbuch 2 voracious: unersättlich

Exercise 60

Hauptsache Hauptwort! Bilde Nomen zu den folgenden Wörtern. Zum Beispiel: *meet – meeting*. Oft kann man übrigens mehrere Nomen aus einem Wort ableiten!

1. *employ* __________________
2. *prepare* __________________
3. *park* __________________
4. *illustrate* __________________
5. *move* __________________

Jamie ließ verblüfft den Arm sinken, so dass Paula ihm die Fahrkarte abnehmen konnte.

„January 12th 1971“, sagte sie voller Genugtuung.

„Five months before mum was born“, sagte Jamie tonlos. Dann umarmte er Paula so fest, dass sie kaum noch Luft bekam.

„She was born in Scotland! We've found a starting point for proving that she's Lady Amelia's child at last!“

Als Jamie sie losließ, standen sie beide erst einmal verlegen herum. Die Standuhr im Foyer schlug halb drei und erlöste sie. Aber sie erinnerte sie auch daran, dass sie kaum noch Zeit hatten.

Exercise 61

Wahr oder falsch? Eine der folgenden Aussagen ist falsch. Findest du heraus, welche?

1. *Mrs Carbini suspects that Lady Amelia was pregnant.*
2. *In Lady Amelia's room there is red wallpaper*[3].
3. *Paula has to apologise to the Earl.*
4. *Lady Amelia went to Scotland to give birth*[4] *to a baby girl.*

3 wallpaper: Tapete 4 to give birth: entbinden

12th August 1971

Dear diary,
Meredith is here, my baby is here! I'm over at the Baxters' so often now that they are bound to[5] become suspicious[6] sooner or later. But I just can't keep away from[7] my beautiful little baby girl.

14th October 1971

Dear diary,
I never thought I could stand[8] living the traditional life of a countess here at Brightwood Castle. But I can, because I have a wonderful boyfriend who is going to be my husband next month. And I have my baby girl whom I see every day.

Liebes Tagebuch,
Meredith ist hier, mein Baby ist hier! Ich bin so oft drüben bei den Baxters, dass sie früher oder später misstrauisch werden müssen. Aber ich kann mich einfach nicht von meinem wunderschönen kleinen Mädchen fernhalten.

Liebes Tagebuch,
Ich hätte nie gedacht, dass ich das traditionelle Leben einer Gräfin hier in Brightwood Castle ertragen könnte. Aber ich kann es, weil ich einen wunderbaren Freund habe, der nächsten Monat mein Ehemann wird. Und ich habe mein kleines Mädchen, das ich jeden Tag sehe.

5 to be bound to do something: etwas bestimmt tun werden 6 to become suspicious: Verdacht schöpfen, misstrauisch werden 7 to keep away from: sich fernhalten von 8 to stand: ertragen

Lady Amelias Tagebuch

„We found the bus ticket and we can find even more", versicherte Paula Jamie, der bei den Schlägen der Standuhr zusammengezuckt war.

Er nickte, dann nahmen sie sich das Bücherregal gemeinsam vor. Jeder arbeitete sich von einer anderen Seite vorwärts. Aber so viele Bücher sie auch öffneten – das Busticket war offenbar eine Ausnahme gewesen.

Als die Tür aufging, erschrak Paula so sehr, dass sie das Buch, das sie gerade in der Hand hielt, fallen ließ. Aber es war glücklicherweise nur Mrs Carbini.

„Jamie, there's only an hour left. Don't you think you should go and help your mum?", sagte sie.

„How did you find us?", fragte Paula.

Exercise 62

Adjektive steigern. Setze die fehlenden Steigerungsformen der Adjektive ein. Zum Beispiel: *good – better – best.*

desperate	____________	____________
____________	*lazier*	____________
____________	____________	*most excited*
windy	____________	____________
deep	____________	____________

Mrs Carbini lächelte verschmitzt. „Don't worry, I'm the only one who knows where you are. I just thought that you might look for Lady Amelia's help when trying to prove that her daughter gets what she deserves[1]."

„You're a gem[2]!", sagte Jamie, und Mrs Carbini wurde rot.

„Well, you don't have much time left, go for it[3]!" Und damit zog sie die Tür wieder hinter sich zu.

Kurz darauf hatten sie alle Bücher durchgesehen – und nichts mehr gefunden.

„Lady Amelia", sagte Paula, „if you're really haunting[4] these old walls, now would be the perfect time to give us a hint[5]."

Jamie hatte ihren spöttischen Unterton wohl bemerkt, denn er sagte: „Don't make fun of[6] it! I do believe in ghosts and you should as well! Have you forgotten the rustling[7] that saved you[8] from being discovered by the Earl in the library the other night? Or the dream that led you straight to Lady Amelia's room? Or my stumbling in front of the Earl's study when the vase fell off the table and revealed[9] the key? Or …"

„I don't want to argue[10] with you", sagte Paula. „At least we got the bus ticket. Maybe we can't prevent[11] you moving today but sooner or later we'll find evidence for all this stuff so your mum can hire a lawyer …" Sie lehnte sich müde an das Regal.

„Watch out[12]!", rief Jamie, aber da war es schon zu spät. Das Regal geriet ins Schwanken – wie konnte das sein, wo das Regal doch so groß war und Paula sich nur leicht dagegen gelehnt hatte, fragte sie sich noch –, dann fielen mehrere Bücher aus der obersten Reihe hinunter. Eins traf Paula.

„Aua!" Sie rieb sich den Kopf. Das würde bestimmt eine dicke Beule geben!

„Why are you laughing like that?", fragte sie ärgerlich, als sie Jamies Grinsen sah.

1 to deserve: verdienen 2 you're a gem!: du bist/Sie sind ein Schatz! 3 go for it!: nichts wie ran! 4 to haunt: herumspuken 5 hint: Tipp, Hinweis 6 to make fun of something: sich über etwas lustig machen 7 rustling: Rascheln 8 to save someone from: jemanden retten vor 9 to reveal: offenbaren 10 to argue: streiten 11 to prevent: verhindern, abwenden 12 watch out!: Vorsicht!

Exercise 63

Gegensätze ziehen sich an! Findest du die Gegensatzpaare in den folgenden beiden Wortlisten?
Zum Beispiel: *search – find.*

1. *against – already – end – worst – ceiling – junior – moon*
2. *senior – beginning – floor – sun – for – not yet – best*

„That must have been Lady Amelia's ghost!" Aufgeregt holte Jamie sich einen Stuhl, stellte ihn vor das Regal und spähte dann in die oberste Reihe, aus der die Bücher gefallen waren. Und dann hielt er plötzlich eine unscheinbare Kladde in der Hand.

„What's that?", fragte Paula ungeduldig. Konnte es wirklich sein, dass an dieser Geistersache etwas dran war?

Jamie warf ihr die Kladde zu, dann zog er noch vier weitere aus dem Regal.

Als er wieder neben Paula stand, sagte er: „They were hidden behind the books. No one could see them from down here and …" Er verstummte, denn es war wohl offensichtlich, dass Paula ihm nicht zuhörte. Sie starrte die Kladde in ihrer Hand ungläubig an.

„Jamie", flüsterte sie dann, „this is Lady Amelia's diary!"

Jamie sah die Kladden in seiner Hand durch. „And here's the one we need", sagte er andächtig. „It's from May 1970 to May 1972."

Sie setzten sich aufs Bett, und Jamie begann vorzulesen.

Als er beim 14. Oktober 1971 angekommen war, blickte Jamie auf.

„After that there are quite a few pages missing“, sagte er. „There is only one entry[13] left in this notepad[14].“

EXERCISE 64

Paare finden. Kannst du die deutschen Wörter ihren englischen Entsprechungen zuordnen? Zum Beispiel: *Garten – garden.*

Seite	*discovered*
Eintrag	*laugh*
versteckt	*walls*
lachen	*page*
entdeckt	*hidden*
Beweis/e	*entry*
Wände	*evidence*

13 entry: Eintrag 14 notepad: Kladde

14th May 1972

Dear diary,
Meredith is going to have a brother although I can never tell her. But I will make sure that both of them get their share[15] of my love and attention.

And I can never tell James either, that has become evident[16] to me now. I know him well enough now to be sure that he would have forgiven me the night with Will. Perhaps he would even forgive me for not telling him about Meredith. But how could he stand to see a reminder of my betrayal[17] running around the house every day?

I know he couldn't. That is why I will take my secret to the grave.

Liebes Tagebuch,
Meredith bekommt einen Bruder, auch wenn ich ihr das nie erzählen kann. Aber ich werde dafür sorgen, dass sie beide ihren Anteil an meiner Liebe und Aufmerksamkeit bekommen.

Und ich werde es auch James nie erzählen können, das ist mir inzwischen klar geworden. Ich kenne ihn gut genug, um sicher zu sein, dass er mir die Nacht mit Will verzeihen würde. Vielleicht würde er mir sogar verzeihen, dass ich ihm nie von Meredith erzählt habe. Aber wie sollte er es ertragen, die Erinnerung an meinen Verrat Tag für Tag in unserem Haus zu sehen?

Ich weiß, das könnte er nicht. Darum muss ich mein Geheimnis mit ins Grab nehmen.

15 share: Anteil 16 evident: offensichtlich 17 betrayal: Verrat

Onkel Charlie

Exercise 65

Wörtersuche. Findest du auf den nächsten zwei Seiten die englischen Entsprechungen zu den folgenden Wörtern?

Geheimnis, Grab, sicher, reich, Diebe, glänzend, Anwalt

„And so she did“, flüsterte Paula. „She took her secret to her grave.“

Jamie schüttelte abwechselnd ungläubig den Kopf und lachte.

„How do you feel about all of this, now that you know?“, fragte Paula vorsichtig.

„I'm not quite sure“, antwortete Jamie. „And I have no idea what Mum will think of it.“ Er sprang auf. „But I do know that we won't lose our home!“ Er nahm Paulas Hände, zog sie hoch und begann einen Freudentanz mit ihr. „And I do know that we're rich now!“

Die Tür ging auf, und eine wütende Stimme schrie: „So here you are, you little thieves! Enough is enough. I'm going to call the police right away! – Why the hell are you grinning like idiots?!“ Die Stimme des Earls überschlug sich.

„Well“, sagte Jamie – Paula konnte hören, wie er diesen Moment genoss, während sie unbemerkt die entscheidende

Kladde hinten unter ihr T-Shirt schob –, „I think it's a brillant idea to call the police … Uncle Charlie."

Exercise 66

Satzsalat. Die Wörter in den folgenden Sätzen sind völlig durcheinandergeraten. Kannst du sie wieder in die richtige Reihenfolge bringen?

1. *won't home we our lose*

   ____

2. *bus Jamie found ticket Paula and the*

   ____

3. *Baxter born was Scotland in Meredith*

   ____

Der Earl machte einen Schritt auf Jamie zu, mit erhobener Hand, als wollte er ihn schlagen. Doch dann hielt er plötzlich wie vom Donner gerührt inne. „What …"

Jamie lachte so befreit auf, wie Paula ihn in der letzten Zeit kaum erlebt hatte. „We know the whole story and we can prove that my mum is Lady Amelia's daughter. That changes everything, doesn't it?"

„I … how ..", stotterte der Earl.

Jamie ging an ihm vorbei zur Tür. „Well, I'd better go now and tell the removal men that our plans have changed. – You'll hear from our lawyer soon, Uncle Charlie."

Paula folgte Jamie. Gemeinsam rannten sie durch den Park

und zum Gartenhaus, wo die Umzugsleute den Lastwagen bereits beluden.

„Stop it!“, rief Jamie schon von weitem.

Meredith kam aus der Tür, und Jamie rannte ihr in die Arme.

„Mum, we don't have to move! We can stay!“

„But … I can't believe that Charles has changed his mind“, sagte Meredith verdutzt.

„No … yes … well, that's a long story“, sagte Jamie. „Just send the removal men away and we'll tell you what has happened.“

Meredith zögerte kurz, aber dann schickte sie den Umzugswagen weg.

„Well, I'm all wound up to a high pitch[1]“, sagte sie, als sie zurückkam.

Exercise 67

Mehr als eins. Bilde den Plural zu den folgenden Wörtern. Zum Beispiel: ***wife – wives.***

1. *woman* ____________________
2. *sandwich* ____________________
3. *family* ____________________
4. *date* ____________________
5. *shelf* ____________________

„Do you want me to leave?“, flüsterte Paula Jamie ins Ohr. Vielleicht wollte er ja mit seiner Mutter allein sein, wenn sie die Wahrheit über ihre Mutter erfuhr.

1 to be wound up to a high pitch: extrem gespannt sein

Aber Jamie strahlte sie an und rief: „Are you kidding?[2]“

„Come on!“, sagte Meredith ungeduldig. „What have the two of you done this time?“

„Well“, sagte Paula mit einem Lächeln, „you'd better sit down and have a cup of tea.“

„It all began with Paula looking for an employment contract in the library one night …“, begann Jamie, aber Paula fiel ihm ins Wort: „No, it all began with a ghost …“

Jamie sah sie überrascht an, dann lächelte er.

Aber Meredith stöhnte. „Sounds like we can well expect the worst[3]!“, rief sie.

„You will be flabbergasted[4]“, sagte Jamie.

Und dann erzählten sie.

2 are you kidding?: machst du Witze? 3 sounds like we can well expect the worst!: das kann ja heiter werden! 4 flabbergasted: verblüfft, platt

Final Quiz

1. *Why doesn't Paula want to spend her holidays in England?*

2. *Who is the first to approach Paula and her parents when the castle gate opens?*

3. *Why does the Earl want to get rid of Meredith Baxter?*

4. *What did Meredith call the Earl when they were kids, and why?*

5. *What is engraved in the coin Jamie holds dear[1] as his lucky charm?*

6. *What does Lady Amelia do to have her baby nearby[2]?*

7. *Why do Jamie and his mum have to move[3]?*

8. *How do Paula and Jamie find the key to the Earl's study?*

1 to hold dear: lieb und wert halten 2 nearby: in der Nähe 3 to move: umziehen

LÖSUNGEN

Exercise 1:	Brunnen – fountain, bezaubernd – charming, Märchen – fairy tale, Gärtner – gardener, Dornröschen – Sleeping Beauty, Rasen – lawn
Exercise 2:	doesn't – does not, she's – she is/she has, won't – will not, they'll – they will, can't – cannot
Exercise 3:	2. No, the Earl of Brightwood wears a *brown checked*[1] suit.
Exercise 4:	1. isn't he? 2. didn't she? 3. have you? 4. won't I?
Exercise 5:	murder/murderer, sleep/sleeping/sleeper, service/servant, thinking/thought/thinker, excuse
Exercise 6:	a glass of beer, a slice of bread, a pair of trousers, a piece of paper, a cup of cocoa
Exercise 7:	breakfast = Frühstück, scrambled eggs = Rührei, rolls = Brötchen, sausages = Würstchen, lunch = Mittagessen
Exercise 8:	at, on, in, to, behind

Exercise 9:	make	made	made
	build	built	built
	buy	bought	bought
	choose	chose	chosen
	do	did	done

Exercise 10:	come, call, go, drink. Die Befehlsform hat im Englischen genau dieselbe Form wie die Grundform (der Infinitiv).
Exercise 11:	terrible – awful, fool – idiot, maintain – preserve, reply – respond, maybe – perhaps, mild – gentle

1 brown checked: braun kariert

Exercise 12:	forks, buses, lives, stories, tomatoes, lamps
Exercise 13:	Zum Beispiel: tree, house, she, he, three, us, our, ours, hose, store, rose, see, Sue, here, use, rot, hut, sour

Exercise 14:

quiet	quieter	quietest
silly	sillier	silliest
much	more	most
brave	braver	bravest
important	more important	most important

Exercise 15:	1. I will be 12 next month. 2. She will explain this exercise to you. 3. If you tell her about your boyfriend she will be jealous.
Exercise 16:	2. No, the Earl makes *Jamie's* mum work harder every day.
Exercise 17:	1. know, 2. husband, 3. on, 4. two, 5. why
Exercise 18:	engaged = verlobt – engagiert = committed, still = (immer) noch – still = quiet, handy = praktisch – Handy = mobile phone, herd = Herde – Herd = cooker/stove, sin = Sünde – Sinn = sense, meaning
Exercise 19:	picture, paint, colour, Picasso, artist
Exercise 20:	closer, suspense, to hide, step, luck, ghost
Exercise 21:	1. What did he do? 2. When did they arrive? 3. How do you do?
Exercise 22:	1. It was a creaky floorboard. 2. When he reached the desk, there was a mysterious sound. 3. Paula tried to peek from under the desk.
Exercise 23:	call/calling/caller, meaning, help/helper, building/builder, difference
Exercise 24:	my, his, its, their

Exercise 25:	appalled – entsetzt, happen – passieren, familiar – vertraut, picture – Bild, wrinkles – Falten, apron – Schürze
Exercise 26:	its, it's, it's, it's, it's, its
Exercise 27:	way, forest, home, library, coat of arms
Exercise 28:	1. thiss → this, off → of, 2. Amelias → Amelia's, Cauntess → Countess, 3. note → not, baird → bird
Exercise 29:	1. messy, 2. useful/useless, 3. friendly/friendless, 4. national, 5. creamy
Exercise 30:	children, babies, heads, potatoes, thieves
Exercise 31:	1. we will, 2. he is/he has, 3. do not, 4. you are, 5. have not
Exercise 32:	1. Don't look at me. 2. Lady Amelia died a few weeks ago. 3. It is not a bird but a gryphon.
Exercise 33:	3. No, engraved on Lady Amelia's ring is a *gryphon*.
Exercise 34:	1. dark, 2. nothing, 3. thirsty, 4. hardly, 5. hot
Exercise 35:	above – below, forbid – allow, man – woman, little – much, off – on, host – guest, full – hungry, lovely – terrible
Exercise 36:	all day = den ganzen Tag lang – alle Tage = every day, actual = wirklich/tatsächlich – aktuell = current/up-to-date, become = werden – bekommen = get, equal = gleich – egal = indifferent, familiar = vertraut – familiär = family (*als Adjektiv*)

Exercise 37:

cut	cut	cut
fight	fought	fought
get	got	got
give	gave	given
grow	grew	grown

Exercise 38: 1. perfectly, 2. hard („hardly" bedeutet etwas ganz anderes, nämlich „kaum"), 3. fantastically, 4. well, 5. prettily, 6. early

Exercise 39: dream, strange, sleeper, nightmare, wish

Exercise 40: 1. Mrs Carbini is the cook of the Earl of Brightwood Castle. 2. They went into the garden at night. 3. Go to bed now!

Exercise 41: Zum Beispiel: or, over, helm, he, led, love, wheel, move, lover, dove, more, deer, lord, me

Exercise 42: your, your, what, our, she, I, I, your, your, I, that, you, me, you, me, your

Exercise 43: brave, carefully, easily, fast

Exercise 44: truth/truthfulness, right/righteousness/rightfulness, loneliness, marriage, isolation

Exercise 45: why, who, when, how, where

Exercise 46: 1. hop → hope, loking → looking,
2. wont → want, now → know,
3. aible → able, cotage → cottage

Exercise 47: 1. They won't live at Eva's place. 2. You're not a real friend. 3. Nothing is all right. 4. He doesn't want to be back at lunch.

Exercise 48: hedgehogs, tomatoes, mother's, stars

Exercise 49: although, doubts, register of births, emergency, sunny, baptised

Exercise 50: 1. control = steuern, überwachen – kontrollieren = check/test, 2. lemon =Zitrone – Limone = lime,
3. meaning = Bedeutung – Meinung = opinion,
4. also = auch – also = so, therefore,
5. mode = Modus, Art und Weise – Mode = fashion

Exercise 51: 1d, 2e, 3a, 4f, 5b, 6c

Exercise 52: 1. How could we be so blind? 2. Lady Amelia kept it a secret. 3. The vicar has a memory like an elephant.

Exercise 53: dead – alive, all – none, amuse – bore, busy – lazy, safe – dangerous, niece – nephew, private – public, weak – powerful

Exercise 54: see, when, golden, milk, until

Exercise 55: haunted, ghost, castle, chains, scary

Exercise 56: 1. My sister's singing a song. 2. They're playing a new computer game. 3. I'm reading an exciting book at the moment. 4. She's swimming in the sea. 5. We're making delicious cupcakes now. 6. My mother's taking a shower.

Exercise 57: terrible, hard, unmoved, strong, long, furious, tiny, little, last, last

Exercise 58: help, he, she, less, pee, sell, else, hell, sly, hype, yell, yes

Exercise 59:

shoot	shot	shot
steal	stole	stolen
spring	sprang	sprung
stand	stood	stood
swear	swore	sworn

Exercise 60: employer/employee/employment, preparation, park/parking, illustration/illustrator, move/movement/mover

Exercise 61: 2. No, in Lady Amelia's room there is *yellow* wallpaper.

Exercise 62:

desperate	more desperate	most desperate
lazy	lazier	laziest
excited	more excited	most excited
windy	windier	windiest
deep	deeper	deepest

Exercise 63: against – for, already – not yet, end – beginning, worst – best, ceiling – floor, junior – senior, moon – sun

Exercise 64: Seite – page, Eintrag – entry, versteckt – hidden, lachen – laugh, entdeckt – discovered, Beweis/e – evidence, Wände – walls

Exercise 65: secret, grave, sure, rich, thieves, brillant, lawyer

Exercise 66: 1. We won't lose our home. 2. Paula and Jamie/Jamie and Paula found the bus ticket. 3. Meredith Baxter was born in Scotland.

Exercise 67: women, sandwiches, families, dates, shelves

FINAL QUIZ

1. Paula thinks that she can't have fun in the country[2]. She wants to stay in Berlin instead and spend the holidays with her friends Emma and Jojo.
2. The first character they meet is Digger, Jamie's dog.
3. The Earl wants to get rid of Meredith Baxter because he fears that she might find out that Lady Amelia was her mother.
4. Meredith called the Earl "Pinocchio", because he always looked as if he had swallowed a broom.
5. Engraved on the coin are the Eiffel tower and the word "Paris".
6. Lady Amelia introduces her baby to the Baxters who decide to adopt it.
7. They have to move because they aren't able to pay the rent for their cottage.
8. Jamie gets pushed, he stumbles against a table, and the vase on the table falls over and reveals the key.

2 in the country: auf dem Land